JUAN RAMÓN GUIJARRO OJEDA

EL PROFESORADO DE LENGUA EXTRANJERA

Bienestar docente y competencia existencial

GRANADA, 2024

COLECCIÓN
ENSEÑAR Y APRENDER

Director de la colección:
Miguel Ángel del Arco Blanco

ENVÍO DE PROPUESTAS DE PUBLICACIÓN

Las propuestas de publicación han de ser remitidas (en archivo adjunto de Word) a la siguiente dirección electrónica: libreriacomares@comares.com. Antes de aceptar una obra para su edición en la colección «Enseñar y Aprender», ésta habrá de ser sometida a una revisión anónima por pares. Los autores conocerán el resultado de la evaluación previa en un plazo no superior a 90 días. Una vez aceptada la obra, Editorial Comares se pondrá en contacto con los autores para iniciar el proceso de edición.

Este trabajo se ha realizado en el marco del proyecto I+D+i: PID2021-128341OB-I00 financiado por MICIU/AEI/10.13039/501100011033 y por FEDER, UE.

Fotografía de portada:
freepik.com

Diseño de cubierta y maquetación:
José Antonio Ruiz García

© Editorial Comares, 2024
Polígono Juncaril
C/ Baza, parcela 208
18220 Albolote (Granada)
Tlf.: 958 465 382
www.comares.com • E-mail: libreriacomares@comares.com
facebook.com/Comares • twitter.com/comareseditor • instagram.com/editorialcomares

ISBN: 978-84-1369-738-3 • Depósito legal: Gr. 1233/2024

Impresión y encuadernación: COMARES

SUMARIO

INTRODUCCIÓN

> Language teachers enable global communication to happen
> —we are not only helping individuals in their personal growth,
> but we are also contributing to expanding global citizenship
> through improved communication, sociocultural competence,
> and diversity awareness (Mercer y Gregersen, 2020: 129).

Es bien conocido que la educación es una profesión con un marcado carácter emocional y niveles significativos de estrés laboral, lo que a veces conduce a la infelicidad en el trabajo, a problemas de salud mental y física y al abandono laboral a medio y largo plazo. Según estudios como el de Johnson y Birkeland (2005), el estrés y el malestar en los profesores son más comunes que en muchas otras ocupaciones, con niveles solamente comparables a los sanitarios. En ciertos países occidentales, como es el caso de Estados Unidos, Reino Unido o Australia, hay una alta tasa de abandono de la carrera docente durante los primeros años de ejercicio laboral. De hecho, dos tercios del profesorado ha considerado dejar su empleo en algún momento.

Como parte capital del sistema educativo, el profesorado se enfrenta continuamente a desafíos profesionales y personales impuestos por la sociedad del siglo XXI, que cambia rápidamente en los ámbitos social, político, económico y mediático-comunicativo. Los profesores deben cambiar constantemente sus capacitaciones, conocimientos y enfoques para adaptarse a estas expectativas sociales. Por ejemplo, los requisitos de la globalización requieren habilidades comunicativas efectivas en lenguas extranjeras y la capacidad de enseñarlas con destreza, ya sea de forma independiente o a través de enfoques pedagógicos modernos como AICLE (Aprendizaje Integrado de Contenidos y Lenguas Extranjeras) o EMI (*English Medium of Instruction*). En Europa, AICLE se refiere a entornos educativos en los que se imparten materias distintas de la lengua utilizando un idioma que no es el materno de los estudiantes. La enseñanza de materia y lengua extranjera es cohesiva y complementaria. En España, se utiliza con frecuencia este enfoque pedagógico en la enseñanza primaria y secundaria, así como en un buen número de programas universitarios. Por lo general, en los programas de grado no anglosajones, la enseñanza de inglés se limita a un curso específico, sin abordar simultáneamente los diversos aspectos de la competencia comunicativa en la lengua. Las políticas europeas destinadas a fomentar el multilingüismo de los estudiantes suelen impulsar los programas AICLE. De manera similar, la adopción del inglés como medio de instrucción (EMI) en las universidades responde al deseo de internacionalizar la educación superior, mejorar su reputación, atraer a estudiantes internacionales y capitalizar el reconocimiento del inglés como lengua global.

Los sistemas educativos, incluidos los de la Comunidad Autónoma de Andalucía, están implementando cada vez más los programas AICLE. Estos tienen una gran demanda y están siendo adoptados por estudiantes y partes interesadas en política y educación. Sin embargo, existe una falta de conocimiento sobre el impacto de los diversos contextos y responsabilidades profesionales en el bienestar de los profesores involucrados. La investigación sobre los programas AICLE/EMI se centra en los estudiantes, sus habilidades académicas y comunicativas, los enfoques y los recursos (Arco *et al.*, 2018; Ramos, 2013, 2014; Ramos y Pavón, 2018). Sin embargo, es importante comprender la verdadera influencia que los programas AICLE y EMI tienen en los profesores porque todas las investigaciones sobre el bienestar muestran sistemáticamente una relación positiva entre una educación de alta calidad, mejores evaluaciones del aprendizaje de los alumnos, conexiones más sanas personales y profesionales y una mayor satisfacción profesional. A su vez, esto tiene un impacto significativo en sus percepciones subjetivas sobre sus deberes y su bienestar general como educadores. Los profesores, como subrayan Bovellan (2014) y Gruber *et al.* (2020), deben determinar los métodos y el momento adecuados para emplear el cambio de código lingüístico o mostrar un dominio lingüístico de alto nivel. Además, el título B2 o C1 en uso instrumental de una lengua extranjera no suele brindar a las personas los conocimientos filológicos y didácticos necesarios para explicar de manera detallada los aspectos comunicativos (lingüísticos, sociolingüísticos y prag-máticos) de una lengua específica. Gruber *et al.* (2020) destacan que los profesores de AICLE/EMI tienen mayores requisitos sociales y sistémicos que el resto de los docentes de otras materias. Es importante señalar que aprender una lengua extran-jera no siempre es una elección voluntaria. Algunas organizaciones ejercen presión sobre el profesorado sin experiencia en el idioma para que participen en programas de renombre. Las expectativas incluyen requisitos como una comprensión profunda de la materia y una lengua extranjera específica.

Además, circunstancias imprevistas como la pandemia de COVID-19 han puesto de manifiesto numerosas deficiencias en el sistema educativo que no está a la altura de los rápidos avances de otros sectores de la sociedad. Más de 5.000 profesores, familias, administradores y alumnos participan en la investigación de Trujillo *et al.* (2020) sobre el futuro de la educación en España después de la pandemia. Este informe señala que la crisis educativa es un choque de realidad y enfatiza la necesidad de abordar desafíos importantes que van más allá de la situación de pandemia. La falta de recursos e infraestructuras, el desequilibrio entre la ratio de profesores y estudiantes, la falta de confianza en las administraciones educativas, la autonomía limitada de los profesores y las escuelas, la necesidad de una revolución metodológica y de contenidos, la necesidad de conciliar las responsabilidades laborales y familiares y, sobre todo, la necesidad de apoyo psicosocial y atención a la salud mental y el bienestar en las instituciones educativas. Se rebela esencial una investigación rigurosa y extensiva en torno a cómo todos estos condicionantes afectan al bienestar del profesorado en general y de lengua extranjera en particular, que es el cometido de este trabajo.

Nuestro deber como investigadores educativos y formadores de profesorado de lengua extranjera durante más de veinte años ha sido investigar los factores de estrés que afectan negativamente al bienestar. Con el fin de apoyar la salud mental y el bienestar general de los profesores, queremos comprender los efectos psicológicos y sociales de estos factores de estrés, así como los métodos utilizados para la formación. Es necesario utilizar herramientas especializadas para manejar el estrés y reducir sus efectos psicológicos y fisiológicos, ya que abordar estos desafíos suele superar la capacidad de los profesores por sí solos. En términos de bienestar general, esto es fundamental para promover el desarrollo personal y profesional.

Aunque la investigación sobre el bienestar se ha llevado a cabo desde los años sesenta, su estructura interna sigue en continua evolución porque su validez parece estar influenciada por puntos de vista culturales y espaciotemporales. La relación directa entre el bienestar de los profesores y el bienestar de los alumnos y el rendimiento académico en el entorno escolar demuestra la importancia del bienestar docente en la educación. Es esencial priorizar los esfuerzos de investigación y capacitación relacionados con esta conexión, ya que tiene un impacto significativo en la sociedad (McInerney *et al.*, 2018). Desde la introducción del paradigma de enseñanza-aprendizaje centrado en el alumno en las décadas de 1970 y 1980, se ha desatendido en gran medida la importancia del profesor en el proceso educativo global en el campo de las lenguas extranjeras. El énfasis se ha desplazado principalmente hacia los resultados de los estudiantes. De esta manera, el profesor se ha deshumanizado y robotizado lentamente (Roffey, 2013; Sisask *et al.*, 2014; McCallum y Price, 2015).

El concepto de bienestar docente ha surgido como una mejora a la idea anterior de agotamiento o burnout (Maslach *et al.*, 1996; Piechurska-Kuciel, 2011). El concepto de agotamiento resultó ser limitante e ineficaz en la práctica porque no produjo los resultados deseados para superarlo. Como resultado de esta situación, se desarrollan modelos alternativos que ayudarán a examinar el tema actual, que es un constructo subjetivo-objetivo dinámico y proactivo. Por lo tanto, es vulnerable al impacto de una variedad de elementos de la identidad personal y social de una persona, que incluyen el género, la especialidad profesional y la posición económica.

Mercer (2020) y Jin *et al.* (2021) utilizaron un modelo ecosistémico para describir la complejidad de las variables que construyen la arquitectura interna del bienestar docente en Lengua extranjera. Este modelo, que se deriva del marco de Bronfenbrenner (1979, 1994), consta de cinco dimensiones: el microsistema (capacidades del profesorado, sentido de sí mismo, autocontrol y aprendizaje declarado o todo lo que sucede en el aula); el mesosistema (relaciones personales y profesionales, sentido de pertenencia y conexión con la familia y los amigos, redes de trabajo); el exosistema (influencias organizativas, contextuales y del entorno cultural próximo); y el macrosistema (creencias sobre el sistema, cuestiones sociales, valores y legislación). Los capitales psicológico y social del profesorado, que forman parte del ontosistema, actúan simultáneamente como factores influyentes transversales a los cinco subsistemas. A la hora de capacitar a los profesores para enfrentar los desafíos en su vida personal y profesional, estos elementos son cruciales. Todos estos componentes son esenciales para determinar el bienestar docente donde el propio profesorado asume una posición activa determinante.

Los datos empíricos de que disponemos sobre los elementos que erosionan especialmente el bienestar de los profesores incluyen la carga de trabajo interna y externa, la burocracia y el reto constante de la profesión; la precariedad salarial en comparación con otras profesiones; las continuas inspecciones con falta de apoyo directivo, la falta de autonomía y de autoeficacia; las continuas y vertiginosas reformas de los planes de estudios sin la aportación de los profesores; el comportamiento de los alumnos, a menudo violento, desmotivado y con bajo rendimiento; los cambios generales y productivos y la reorganización de las estructuras; las relaciones entre compañeros y el entorno laboral; las expectativas irracionales de las comunidades escolares; el componente emocional de la profesión docente; la reorganización de las estructuras; la falta de apoyo de los compañeros y la falta de motivación y autoeficacia de los profesores; el tamaño de los grupos de clase; las expectativas irracionales de las comunidades escolares; los juicios negativos expresados sobre los alumnos, los colegas y el contexto; la sensación de aislamiento y, en última instancia, la falta de formación para gestionar el estrés profesional (Bower y Carroll, 2017; Guijarro y Cardoso, 2017; Medina *et al.*, 2019).

Además, contamos con evidencia científica sobre las variables que contribuyen al bienestar de los docentes. Con frecuencia se enfatiza la autoeficacia, que se refiere a la evaluación propia de su capacidad para influir en el éxito de sus alumnos, especialmente aquellos que no están motivados o a los que les resulta difícil instruir. Las habilidades personales, las competencias y los factores contextuales, incluidos los recursos accesibles, influyen principalmente en el bienestar, la satisfacción laboral y el reconocimiento de los profesores. A la hora de determinar estos resultados, se ha reconocido que este componente es el más importante. Se ha descubierto que la autorregulación cognitiva es importante para mejorar el bienestar, la satisfacción laboral y la reducción del agotamiento emocional. En varios contextos, como el Reino Unido, los Países Bajos y China, se ha demostrado que la calidad de las relaciones y el apoyo de colegas de la misma edad y antigüedad, así como de los equipos directivos o los líderes escolares, mejoran el bienestar de los profesores y ayudan a la promoción de hábitos saludables y transformación de las estructuras (Aelterman *et al.*, 2007; Yin *et al.*, 2016).

La resiliencia y el bienestar suelen estar relacionados. Sin embargo, Johnson *et al.* (2014) argumentan que, sin tener en cuenta al profesorado de manera individual, la adaptación efectiva a situaciones difíciles mejora principalmente la institución o el sistema educativo en su conjunto, más que al profesorado en sí.

La motivación intrínseca está directamente relacionada con el bienestar docente. Este profesorado demuestra un mayor interés, entusiasmo y confianza en las tareas que realizan en su carrera. Además, constatan un mayor rendimiento, perseverancia y creatividad. Como resultado, su estado de ánimo y su nivel de autoestima son positivos. La capacidad de desarrollar comportamientos específicos también está relacionada con la motivación intrínseca. Esto resulta en un mayor dominio de las emociones agradables y una menor susceptibilidad al miedo, la preocupación y la indiferencia (Guijarro *et al.*, 2021).

Según Palomera *et al.* (2008), existe una correlación positiva entre la Inteligencia Emocional y la mejora del bienestar de los docentes; esto se traduce en una mejora de las relaciones sociales, una mayor permanencia en el sistema educativo, un comportamiento prosocial, un mejor rendimiento académico, una mayor satisfacción vital, el uso de estrategias de afrontamiento más efectivas, una mejor salud mental y la capacidad de detener los estados emocionales negativos. Además, Bower y Carroll (2017) afirman que, aunque en menor medida que los factores mencionados anteriormente, el reconocimiento económico contribuye al bienestar de los docentes.

Reconocemos algunos factores que distinguen a los profesores de idiomas de otras profesiones, indicando que, debido a la presencia de ansiedad lingüística, tienen una mayor susceptibilidad al estrés y al síndrome de desgaste profesional. Esta ansiedad proviene del hecho de que muchos profesores de idiomas están aprendiendo simultáneamente la lengua que enseñan, lo que los lleva constantemente a compararse con hablantes nativos y los hace sentir muy ansiosos. El profesorado de lengua extranjera cada vez más se siente desorientado al ver que el gran desarrollo tecnológico de los últimos años cuestiona su propia competencia como fuente de conocimiento. Las redes sociales, las plataformas multimedia, las academias y otras organizaciones similares tienen una gran influencia en este sentido y desafían directamente la autoridad de los profesores de idiomas. Contribuimos al discurso destacando que el dominio de las lenguas está notablemente impregnado de emociones debido a su énfasis en las conexiones interpersonales e interculturales, así como en la incorporación de experiencias e identidades personales significativas. Además, hay factores adicionales que deben tenerse en cuenta, como las diferencias culturales entre educadores y educandos, las dificultades de residir en países extranjeros, la complejidad de enseñar competencias comunicativas en lugar de meras materias y la necesidad constante de avances metodológicos en un campo que cambia constantemente debido a los avances tecnológicos en los medios de comunicación.

La especificidad del ámbito de AICLE ha sido objeto de pocas investigaciones, como la de Moate (2011) en Finlandia. Realizó un estudio sobre cómo los profesores finlandeses de AICLE ven la ética profesional después de aprender un idioma extranjero. Determinó que los profesores de su muestra veían la actividad como gratificante a pesar de hacer importantes esfuerzos por mantener la integridad profesional y la coherencia en estas actividades. Sin embargo, el cambio que tuvieron que hacer al pasar de impartir una clase en su propia lengua a hacerla en una lengua no materna tuvo un gran impacto en su bienestar general.

Pappa *et al.* (2017) investigaron el impacto de las presiones y los recursos en las experiencias profesionales de los profesores en Finlandia. La enseñanza en una lengua no materna, las presiones personales en el aula y el acceso insuficiente a los recursos de AICLE eran algunos de los obstáculos para el correcto desarrollo de su profesionalidad.

El estudio de Vinke *et al.* (1998) examinó la influencia de los cursos de enseñanza en lengua inglesa (EMI) en universidades y encontró beneficios como una mayor autonomía en la enseñanza, una mayor receptividad al cambio, una mayor versatilidad y adaptabilidad a nuevos entornos y un sentimiento de camaradería. Concretamente, investigó cómo la enseñanza de inglés afectaba a los instructores y la calidad general de la enseñanza en el aula. En un estudio reciente realizado en España para examinar las percepciones de los profesores universitarios de ingeniería que imparten su enseñanza en inglés, se identificaron factores estresantes para el bienestar de los profesores, como la mayor exigencia de tiempo de preparación de las clases y la dificultad para comunicarse eficazmente en hasta un 60% de los casos. Todos los profesores universitarios coinciden en que estos programas son muy beneficiosos para los estudiantes, aunque no tanto para ellos mismos. Cada uno de ellos dice sentirse abrumado por la carga adicional de trabajo que implica la enseñanza en inglés, algo que solo perciben cuando se toman el tiempo de pensar en ello. Además, a la hora de impartir las clases, experimentan una gran inseguridad lingüística. Se sienten avergonzados por su falta de fluidez en inglés, por lo que prefieren el paradigma EMI a AICLE. Esto se debe a que carecen de un dominio suficiente del inglés para explicar de manera efectiva la competencia comunicativa integrada con la ingeniería.

Hessel *et al.* (2020) revelan que los profesores de secundaria de AICLE en Austria constatan que las interacciones con sus colegas no eran del todo satisfactorias. Sin embargo, creen que el desarrollo de los recursos, que requiere tiempo, es una oportunidad gratificante para la autonomía y la creatividad. En este caso, un factor que influye en el nivel general de bienestar de los profesores de AICLE es el tipo de centro de enseñanza secundaria. En comparación con los centros de enseñanza general, los centros de enseñanza especializada reportan niveles más bajos de satisfacción general. Un sentimiento de competencia, una disposición favorable hacia la enseñanza, la creencia en su valor para los alumnos o la observación de que los alumnos disfrutan con este enfoque pedagógico son factores que contribuyen al bienestar. Sin embargo, las tensiones que afectan negativamente el bienestar incluyen la sensación de tensión en el aula y la sensación de que la enseñanza socava el propio equilibrio entre trabajo y ocio.

A pesar de que la profesión se caracteriza por un grado considerable de autonomía percibida, los instructores universitarios de EMI en Austria consideran especialmente importante este último aspecto. Según revisiones exhaustivas, Williams (2015) y Macaro *et al.* (2018) han encontrado que, en conjunto, las dificultades en la aplicación de los proyectos EMI en todo el mundo superan los aspectos positivos.

Las iniciativas centradas en la inteligencia emocional para aliviar el estrés y promover el bienestar físico y psicológico son parte de los planes de intervención a nivel internacional destinados a mejorar el bienestar de los profesores. Estos esfuerzos tienen como objetivo ayudar al profesorado a prosperar en su vida profesional, mejorar las relaciones entre docentes y estudiantes, lograr el éxito social y gestionar el comportamiento en el aula de manera efectiva (Veseley, 2014). Las acciones adicionales se adhieren a un paradigma de resiliencia relacional que se basa en el apoyo mutuo, el empoderamiento y el cultivo de la valentía. La atención se centra en las conexiones y las interacciones complejas y cambiantes entre las personas y sus entornos de práctica de profesores.

Las ventajas de la autorreflexión, la gestión del tiempo y la capacidad de formular soluciones para hacer frente a los obstáculos son otro tema de investigación. Este componente está intrínsecamente relacionado con el movimiento *mindfulness* o de la atención plena, que tiene como objetivo mejorar la ansiedad, el agotamiento, la resiliencia, la depresión y el malestar de los docentes. Mercer y Gregersen (2020) investigaron cómo adaptar el programa de psicología positiva de Seligman, PERMA (emociones positivas, involucración, relaciones, propósito y logro) (Butler y Kern, 2016), para el bienestar de los profesores de lenguas extranjeras.

Según un análisis detallado de la literatura científica actual, es evidente que la investigación y capacitación en el bienestar del profesorado son esenciales para el progreso de la carrera docente. Esto se aplica a lo largo de su vida profesional, no solo durante la formación inicial y los primeros años de carrera.

CAPÍTULO 1
EL CONCEPTO DE BIENESTAR

Para comprender completamente el bienestar, es necesario examinar una variedad de factores psicológicos y físicos, como la edad, el género, el entorno sociocultural, las conexiones interpersonales, la dinámica laboral, el salario, las condiciones del lugar de trabajo y las perspectivas subjetivas. Alcanzar una sensación de bienestar es el resultado de una interacción compleja de diversas circunstancias (Marchesi, 2012; Byrne *et al.*, 2018).

Al principio, las tradiciones literarias y filosóficas describieron el bienestar como el objetivo final de la felicidad. Aristóteles lo denominó Bien Supremo o Felicidad Suprema. Desde la década de 1980, la psicología ha mejorado significativamente su comprensión del bienestar. Este avance ha llevado a la incorporación de términos como bienestar personal, bienestar y satisfacción vital.

Los modelos que examinan los fundamentos de la angustia se agregaron a este discurso por Headey *et al.* (1985). En sus primeros pasos, las investigaciones basadas en la metodología positivista se enfocaban principalmente en los factores externos, lo que llevó al desarrollo de una medida objetiva del bienestar. Este método utilizó el estado del bienestar como punto de referencia para establecer una conexión entre el nivel de vida y las fluctuaciones de las circunstancias económicas. El concepto de calidad de vida se originó específicamente a partir de este paradigma, y la investigación posterior ha explorado la relación entre el bienestar y las condiciones económicas. Resulta importante que este estudio pusiera énfasis en el impacto de los comportamientos psicológicos en el bienestar, lo que sugiere un cambio de enfoque en los factores externos.

Lawton (1983) sostiene que las normas individuales y sociales, que están conectadas con el código persona-contexto, determinan el bienestar. Este marco reconoce cómo el pasado, el presente y el futuro tienen un impacto en el bienestar. Las condiciones ambientales, la competencia conductual, la calidad de vida percibida y el bienestar subjetivo o psicológico son los cuatro componentes del enfoque de Lawton.

Esto marca un cambio con respecto a los enfoques positivistas anteriores y pone de relieve una creciente atención a los aspectos emocionales.

Los autores son cada vez más conscientes de la importancia de los aspectos emocionales, lo que ha llevado a un aumento en la investigación sobre el bienestar subjetivo. Argyle (1993) afirma que la psicología contribuye principalmente a la investigación sobre la calidad de vida a través del bienestar subjetivo. Destaca la importancia de enfocarse no solo en mejorar las condiciones materiales, sino también en promover la felicidad.

Los indicadores subjetivos, globales y positivos son los tres componentes principales del bienestar, según Diener (1984) y Diener *et al.* (1998). Cuando las experiencias individuales positivas superan a las negativas, se considera elevado el bienestar subjetivo. Veenhoven (1984) compara el bienestar con una evaluación positiva de la vida de una persona, que incluye la satisfacción. Estas perspectivas reflejan el concepto de eudamonía de Aristóteles, que destaca la condición placentera que surge de una vida virtuosa.

Aspectos complementarios como el desarrollo individual, el propósito vital, la independencia y las conexiones favorables se incluyen por investigadores posteriores, como Ryff (1989) y Cummins (1996). Diener *et al.* (1999) amplían la comprensión del bienestar enfatizando los aspectos de la satisfacción general y las satisfacciones específicas.

Basándose en sus descubrimientos en el campo de la psicología, Ryff (1989) y Ryff y Singer (1998, 2002) sostienen que el bienestar abarca algo más que experimentar felicidad o satisfacción con la vida, o la ausencia de sentimientos o experiencias desagradables. Es necesario tener una comprensión integral de estos encuentros y poder lidiar con los desafíos y las dificultades que puedan surgir. El paradigma del bienestar psicológico que proponen consta de seis dimensiones: autoaceptación, relaciones interpersonales sanas, autonomía, control del entorno, propósito en la vida y progreso personal. Veamos una breve explicación de cada ámbito:

— Autoaceptación: el término autoaceptación se refiere a la percepción positiva que una persona tiene de sí misma. Es un reconocimiento genuino y sincero de los aspectos positivos y negativos, que abarca los logros y los fracasos, no una muestra de narcisismo ni de autoestima superficial.

— Relaciones interpersonales sanas: el desarrollo de las virtudes humanas y el disfrute de las interacciones sociales, la intimidad y el afecto conducen a la formación de conexiones positivas. Las teorías también destacan la importancia del apoyo y el cariño de los demás, así como las conexiones interpersonales estrechas (intimidad).

— Autonomía: es la capacidad de una persona para actuar de forma independiente, tomar decisiones y seguir sus propias creencias, incluso si estas creencias van en contra de las normas establecidas y las ideas comunes. También incluye la capacidad de vivir solo y de manera autosuficiente en caso de necesidad. Incluye a aquellos que tienen un sistema de valoración propio y no se preocupan por las opiniones de los demás, juzgándose a sí mismos según sus propias normas.

— Control del entorno: una persona debe controlar y navegar eficazmente por su entorno y tener la habilidad de establecer y mantener condiciones favorables para mantener el bienestar mental. Abarca la capacidad de supervisar y controlar entornos complejos, la necesidad de avanzar al enfrentarse a los desafíos de la vida y la capacidad de transformar esos entornos mediante esfuerzos físicos y mentales.

— Propósito en la vida: tener un sentido de propósito o metas en la vida es la capacidad de las personas de comprender la importancia y el propósito de sus propias experiencias y de establecer y perseguir metas. En esencia, la madurez es comprender el propósito de la existencia y tener un sentido de propósito para llenar la vida de significado.

— Progreso personal: el término crecimiento personal se refiere a la capacidad de una persona para reconocer y desarrollar sus propias habilidades y potenciales, así como para aprovechar sus propios recursos. En ciertas circunstancias difíciles, es necesario examinar cuidadosamente la propia capacidad de recuperación. Una persona completamente funcional es receptiva a experiencias nuevas y está comprometida con el desarrollo personal continuo, asumiendo activamente nuevas responsabilidades y desafíos durante todas las fases de la vida.

FACTORES QUE INFLUYEN EN EL BIENESTAR

Según la revisión bibliográfica realizada, hay pocas diferencias desde la perspectiva de género en la percepción del bienestar, si bien las mujeres suelen mostrar más negatividad que los hombres. Las investigaciones sostienen que esta discrepancia no se debe a un estado general de bienestar de las mujeres, sino a la mayor inclinación de las mujeres a expresar abiertamente sus emociones, especialmente las negativas.

Cardenal y Fierro (2001) argumentan que no se han documentado cambios en el bienestar entre las personas de la primera y la tercera generación. Sin embargo, algunas investigaciones argumentan lo contrario, pero sin grandes diferencias. Cuando se excluyen factores como la salud, la educación y el dinero, Herzog y Rogers (1981) demuestran una relación directa entre la edad y la satisfacción. En comparación con etapas más tempranas de la vida, las restricciones económicas en los años finales tienen un impacto diferente en el bienestar general. También se ha confirmado que ajustamos nuestros objetivos en la vida para adecuarnos a nuestras posibilidades según nuestra edad. Aquellas personas que logran mantener una elevada satisfacción con la vida demuestran una mayor habilidad para adaptarse a los cambios y recursos que las rodean. Un estudio que abordó datos sobre los niveles de satisfacción con la vida, con la participación de doce países de Europa occidental entre los años 1970 y 1980, revela que los individuos de menor edad manifiestan niveles de felicidad más bajos. En contraste, las personas de mayor edad experimentan una mayor satisfacción con sus vidas (Diener y Suth, 1998). En conclusión, Cardenal y Fierro (2001) apuntan que las variables de edad o sexo, aun cuando puedan ser relevantes, no resultan especialmente significativas en su correlación con el bienestar, la salud psicológica o la adaptación.

Como indica Campbell (1981), las investigaciones realizadas en los años 50 y a finales de los 70 sugieren que el nivel educativo es un factor importante en el bienestar. Sin embargo, según Toseland y Rasch (1979-1980), la influencia del nivel educativo no es directa porque su importancia disminuye si no se consideran otras variables. Una persona con un nivel educativo elevado, por ejemplo, puede sentirse insatisfecha cuando se enfrenta a dificultades para obtener un empleo debido a su elevado nivel de exigencia.

El impacto de los ingresos en el bienestar depende de varias condiciones, y su importancia es más comprensible cuando se analiza en conjunto con otras variables. Mientras que el estudio de Easterlin (1974) indica una relación entre el dinero y la felicidad, Myers y Diener (1995) destacan que tener un salario alto no significa automáticamente que una persona se sienta feliz.

PRINCIPIOS Y MECANISMOS DEL BIENESTAR

Existe una variedad de modelos para comprender el bienestar y cada uno ofrece una perspectiva diferenciada, pero no intrínsecamente excluyente. Wilson (1967) afirma que sentirse feliz en una situación específica mejora el bienestar general. Además, las personas que son más propensas a adaptarse a las exigencias específicas de su entorno tienen más probabilidades de mantener niveles más altos de satisfacción. La felicidad se deriva de las satisfacciones cotidianas que se ajustan a los objetivos tanto a corto como a largo plazo, según apuntan Little *et al.* (1983). Además, sugieren que las gratificaciones inmediatas aumentan la felicidad general. También destaca la importancia de mantener ambiciones de felicidad realistas, humildes y adaptadas a la realidad contextual personal y social.

Otros estudios examinan la relación entre los logros y los objetivos ambiciosos. Solomon (1989) desarrolló la Teoría del proceso oponente, que examina la disminución del valor de las emociones experimentadas en situaciones vitales desconocidas. De acuerdo con la Teoría de la comparación descendente de Wills (1981), las personas tienen la tendencia a compararse con otras en situaciones menos favorables para mejorar su propio estado de bienestar. Esto nos lleva a destacar tres mecanismos fundamentales de la autopercepción y su impacto en la felicidad: recopilación de información, análisis de información y respuestas personales a los demás. Por ejemplo, aquellos que hacen comparaciones sociales con personas que están en una situación menos favorable pueden sentirse más felices, pero aquellos que hacen comparaciones sociales durante momentos de infelicidad pueden sentirse menos felices.

La Teoría de la discrepancia múltiple que Michalos propuso en 1985 ha tenido un impacto significativo en los estudios de bienestar. Esta teoría sostiene que el bienestar subjetivo depende del grado en que las personas perciben las diferencias entre lo que tienen y lo que esperan o creen merecer. Según García Martín (2002), factores como la edad, el sexo, la educación, el dinero y el apoyo social influyen en esta percepción, por definición subjetiva.

La teoría de la autodeterminación (Deci y Ryan, 1985) fue la base de la investigación inicial sobre la correlación ideal entre la motivación y el bienestar. Según este marco teórico, se pueden mejorar las motivaciones y el bienestar personal si se satisfacen tres necesidades psicológicas fundamentales: la autonomía (relacionada con la percepción que tienen las personas de la fuente y el control de su comportamiento); la competencia (relacionada con la percepción que tienen las personas de su eficacia y su capacidad para afrontar retos utilizando sus habilidades) y la conectividad (relacionada con la necesidad inherente de establecer vínculos interpersonales).

Un modelo global para comprender el desarrollo evolutivo humano es proporcionado por el marco ecosistémico de Uri Brofenbrenner, que consta de cinco subsistemas socialmente estructurados (Brofenbrenner, 1979; Johnson, 2008). El microsistema, que incluye el capital psicológico, el capital sociológico y el contexto directo inmediato, tiene un impacto directo en el desarrollo individual. Las relaciones entre los diversos contextos que conforman el desarrollo individual se denominan mesosistemas. El exosistema es la capa social superior que va más allá de la influencia individual. El macrosistema es una representación social de valores y creencias culturales. Finalmente, el cronosistema es el aspecto temporal que influye en todos los niveles del sistema ecológico. En 1994, Bronfenbrenner presentó estos conceptos, y Johnson los desarrolló en 2008. Según Skinner (2012), el trabajo es el componente principal del microsistema. La teoría del sistema ecológico puede ayudar a los gerentes a comprender las interacciones entre sus empleados y la organización, lo que podría beneficiar el bienestar de las organizaciones (Skinner, 2012).

El bienestar holístico se refiere a un estilo de vida que se centra en lograr una salud y un bienestar óptimos teniendo en cuenta la interconexión del cuerpo, la mente y el espíritu tanto en la comunidad humana como en la natural. Varios modelos orientados al bienestar se basan en esta definición. Uno de ellos es el modelo de El yo indivisible de Myers y Sweeney (2008), que establece cinco dimensiones inseparables: el yo creativo, el yo que afronta las circunstancias, el yo social, el yo esencial y el yo físico. Otro es el modelo de la Rueda del bienestar, que enfatiza la importancia de la espiritualidad.

A pesar del creciente interés de sus investigaciones, Seligman (2011) expresa su preocupación por las limitaciones de los términos bienestar y bienestar subjetivo. Definió el término bienestar subjetivo como la tendencia de las personas a responder positivamente a preguntas sobre su satisfacción vital, que se ve afectada por sus circunstancias actuales. Por otro lado, algunos investigadores sugieren el uso de la noción más amplia de desarrollo humano o *human flourishing* (Ryff, 1989; Ryan y Deci, 2001; Deci y Ryan, 2008; Seligman, 2011; Vivoll Starume y Vittersø, 2012; Huppert y So, 2013).

Ryan y Deci (2011) definen el florecimiento humano como un estado de funcionamiento abierto, comprometido y saludable. Huppert y So (2013) establecen que puede describirse como la combinación de experimentar emociones positivas y rendir de manera eficiente. A diferencia del bienestar subjetivo, el florecimiento humano comprende una variedad de elementos, como el bienestar cotidiano, las experiencias emocionales, la satisfacción vital y el optimismo. Diener *et al.* (2010) ofrecen una definición ampliamente aceptada del florecimiento humano que incluye ocho componentes fundamentales: el propósito y el significado, las conexiones interdependientes, la implicación, la empatía, la competencia, la integridad moral, el optimismo y el experimentar respeto.

Esto se ajusta a la teoría PERMA de Seligman (2011), que explica el bienestar a través de cinco elementos distintos: *Positive emotions, Engagement, Relationships, Meaning y Accomplishment*, que pasamos a describir a continuación:

— Emociones positivas: relación de afectos positivos hacia los eventos del pasado, presente y futuro.
— Compromiso: consiste en la capacidad de la persona para realizar inmersiones plenas en actividades y comportamientos que se alinean con una conciencia plena de sus capacidades personales y sus fortalezas.
— Relaciones: guarda relación con la capacidad de construir y consolidar redes de contacto con otras personas del entorno como familia, amigos o compañeros del entorno laboral.
— Significado: capacidad y esfuerzo para dedicarse a proyectos que van más allá de uno mismo.
— Logro: capacidad para el establecimiento de metas, cumplirlas con éxito y consolidar un sentido del logro. El alcanzar las metas fijadas hace que las personas se sientan competentes y fomente su autonomía mejorando, al mismo tiempo, sus habilidades.

EMOCIONES Y BIENESTAR

Las investigaciones en el campo de la psicología del desarrollo personal dilucidan las ventajas de las relaciones positivas caracterizadas por la admiración y la adoración, que repercuten favorablemente en el bienestar tanto individual como colectivo. Según Rattner y Danzer (2006), la adoración y la admiración desempeñan un papel importante en el desarrollo y la maduración de la personalidad tanto individual como colectiva. Sin embargo, no contamos con una literatura científica prolija que tenga en cuenta estos sentimientos, como demuestra el limitado número de estudios como los de De Rivera (1997), Algoe y Haidt (2009), Ortony *et al.* (1988), Plutchik (1980) y van de Ven *et al.* (2011, 2012).

No obstante, Schindler *et al.* (2013) han establecido un marco conceptual que dilucida las semejanzas y disparidades entre admiración y adoración. Este modelo demuestra que ambos sentimientos sirven como marcadores fiables del bienestar individual y/o del nivel de vida general. La admiración y la adoración son emociones favorables que surgen como reacción ante un individuo u objeto excepcional. En teoría, estas emociones pretenden preservar los principios y valores del individuo admirado como modelo de comportamiento, permitiendo que sus ideales, creencias y aspiraciones se transmitan a otros receptores.

Sin embargo, los procesos subyacentes son más intrincados de lo que pueden parecer en un principio. Schindler *et al.* (2013) afirman que la admiración es suscitada por individuos prominentes que encarnan principios y valores específicos, como los asociados a Karl Marx, por ejemplo. Igualmente, la superioridad inicial de sus modelos de conducta puede ser adquirida, fusionada e incluso superada por otros. Del mismo modo, el acto de admirar a otros sirve de catalizador para el crecimiento personal al mostrar la posibilidad de alcanzar los propios objetivos o aspiraciones, ya que la admiración implica intrínsecamente la protección y reverencia de los valores.

El admirador pretende evaluar la acción de la otra persona como excepcional, para elogiarla e imitarla (Algoe y Haidt, 2009). Por lo tanto, el objetivo principal de la admiración es esforzarse por mejorar la propia voluntad y redefinir o refinar los valores individuales y/o comunitarios para emular la conducta apreciada. La adoración, por el contrario, se refiere a la reverencia y admiración por cualidades que los admiradores no pueden conocer o alcanzar plenamente, como atributos inherentes, entidades sagradas o figuras sobrehumanas, como Dios. El único medio para lograrlo es gratificarse o alinearse con el individuo venerado.

Otro concepto clave de la adoración es cultivar una conexión con los demás para asimilar su identidad y abrazar así sus creencias, ideales y actitudes. En ocasiones, en lugar de ser un modelo para seguir, la persona admirada puede funcionar como un facilitador y benefactor, capaz de reunir a admiradores bajo su supervisión. Por lo tanto, uno de los propósitos fundamentales de la adoración es establecer y preservar la unidad social dentro de un colectivo.

En cuanto a las ideas y relaciones felices, expresar admiración y devoción sugiere que es probable que la persona tenga emociones positivas. Sin embargo, Lazarus (1991) y Plutchik (1980) sostienen que el concepto de afecto positivo no es una entidad singular, sino más bien una emoción positiva distinta que engloba diversos mecanismos emocionales y sociales. En general, se considera que tener un afecto positivo es un fuerte indicador de placer o bienestar. Este estado emocional puede manifestarse como felicidad, orgullo, alegría, amor, filantropía o alegría, tal y como describen Fredrickson (1998) y Lazarus (1991).

Además, aparte de estas emociones favorables, se han descubierto otras adicionales, como la curiosidad o la motivación, que están asociadas al establecimiento de objetivos y criterios para un estado de satisfacción (Fredrickson 1998). El psicólogo

William McDougal define la adoración como una combinación de sentimientos fundamentales, entre los que se incluyen el asombro, la abnegación, el terror y la amabilidad (McDougall, 2001).

Basándonos en las conclusiones de Schindler *et al.* (2013), puede deducirse que la admiración y la adoración no siempre implican emociones negativas. Sin embargo, estas emociones pueden convertirse en opiniones desfavorables para un individuo, sobre todo cuando son egocéntricas. Sin embargo, en lo que respecta a la admiración que sentimos por los demás, vemos que las personas pueden verse privadas de características o capacidades que les hagan sentirse inferiores y dependientes de la compasión de los demás, lo que puede provocar sentimientos de pena, miedo o humillación. Además, varios estudiosos (de Rivera 1997; van de Ven *et al.* 2011, 2012) han destacado la correlación entre admiración y envidia, ya que ambos sentimientos pueden surgir cuando los individuos comparan sus estatus sociales u ocupacionales. Sin embargo, esta asociación carece de cualquier expresión de adoración. Por un lado, el acto de adorar a los demás implica abstenerse de ajustarse a patrones de comparación (Schindler *et al.* 2013). Por el contrario, la presencia de envidia entre los adoradores y los adorados aumentaría la intensidad de la adoración. Además, Schurtz *et al.* (2012) explican que la envidia perturba la estructura social de la comunidad de adoración, mientras que la adoración contribuye a mantener su estabilidad.

En una investigación realizada por el psicólogo estadounidense Solomon Asch (1951), el objetivo era determinar la proporción de alumnos que se ven influidos por los puntos de vista de sus compañeros. Este estudio consistió en reunir a un grupo de ocho alumnos en un espacio compartido. Bajo la dirección de Solomon, siete individuos debían indicar la respuesta incorrecta. El octavo individuo, sin embargo, desconocía tanto los objetivos de Solomon como las intenciones de sus compañeros. Al final, más del setenta por ciento de los niños conocían la respuesta correcta, pero se abstuvieron de expresarla por temor a cometer un error, parecer tontos o alterar la armonía del grupo. Este estudio condujo al desarrollo de lo que ahora se conoce como síndrome de Solomon, que consiste en imitar comportamientos para evitar llamar la atención o destacar dentro de un grupo social específico. Un síntoma destacado es la manifestación de una baja autoestima a través de la creencia de que nuestra valía como individuos viene determinada por el nivel de aprecio que recibimos de los demás. Además, ilustra el fenómeno de la desaprobación social hacia aquellos que alcanzan niveles significativos de prosperidad, ya que la sociedad contemporánea tiene una tolerancia limitada hacia los individuos que experimentan niveles elevados de bienestar.

Los individuos suelen utilizar los logros de los demás como herramienta de reflexión para examinar sus propias frustraciones y evaluar los objetos de sus celos. ¿Qué estrategias podrían emplearse para aliviar este sentimiento de envidia? Absteniéndose de criticar los logros de los demás y, en su lugar, comprendiendo y apreciando las capacidades, talentos y atributos que han contribuido a su éxito. Mientras que las cosas que admiramos contribuyen a nuestro crecimiento personal, las que envidiamos tienen un efecto perjudicial para nosotros. Sin embargo, la investigación ha demostrado que la envidia puede estimular las capacidades de los individuos, permitiéndoles adquirir habilidades que faciliten su crecimiento personal y les permitan hacer valiosas contribuciones a la sociedad.

La admiración desempeña un papel crucial en el desarrollo personal, ya que implica adoptar e imitar los valores y principios del individuo admirado. Del mismo modo, la adoración sirve como fuerza motriz que impulsa a los individuos a buscar un sentido a la vida adoptando los principios e ideologías de la entidad que adoran. Al examinar estos rasgos, se hace evidente que la admiración está asociada a una conexión favorable con la superación personal, mientras que la adoración está correlacionada con tener un sentido de propósito en la vida.

En resumen, podemos afirmar que existe una conexión clara y recíproca entre la admiración y la adoración, que repercute directamente en el propio bienestar. Esta conexión es evidente en la satisfacción y las emociones positivas que hemos identificado anteriormente como indicadores importantes del bienestar. Es importante señalar que los estudios sobre el bienestar realizados por Diener (1984), Diener *et al.* (1999), Ryff (1989), Veenhoven (1994) y Cummins (1996) no consideraban la adoración y la admiración como indicadores de satisfacción y felicidad.

CAPÍTULO 2

LA COMPETENCIA EXISTENCIAL: CLAVES PARA EL PROFESORADO DE LENGUA EXTRANJERA

La noción de competencia existencial fue introducida en el ámbito de la lengua extranjera a través del *Marco Común Europeo de Referencia para las Lenguas* (MCERL) del Consejo de Europa (2001). Ésta estuvo influenciada por los principios del Informe Delors sobre la finalidad de la educación en todas las formas de enseñanza. El Informe Delors establece cuatro pilares fundamentales de la educación: adquirir conocimientos, adquirir habilidades prácticas, promover la integración social y desarrollar el crecimiento personal. La conceptualización del MCERL da fe de estos cuatro elementos que se describen en este texto.

Según el Consejo de Europa (2001), cuando se aprende una lengua no solamente está aprendiendo una lengua aislada e independiente, sino que la está poniendo en conjunción y en comunicación con su propio sistema de lengua y también con su sistema cultural, creándose una situación de interculturalidad muy rica y fructífera. Consecuentemente, se estarán desarrollando capacidades de conciencia, interculturalidad y destrezas ricas y complejas que repercutirán en la apertura de la persona hacia el mundo, otras culturas y otras lenguas:

> In some cases, the learning of a foreign language aims above all at imparting declarative knowledge to the learner [...]. In other instances, language learning will be seen as a way for the learner to develop his or her personality [...] or to develop his or her knowledge of how to learn (greater openness to what is new, awareness of otherness, curiosity about the unknown) (Consejo de Europa, 2001: 135).

Se establece que todas las competencias humanas contribuyen a la competencia comunicativa de las personas y, por consiguiente, desarrollan la competencia comunicativa. Con este propósito, además de las competencias propiamente lingüísticas, se especifican una serie de competencias generales que detallamos a continuación: saber (conocimiento declarativo), saber hacer (destrezas y habilidades), saber aprender y saber ser (competencia existencial).

El conocimiento declarativo (saber) está integrado por los siguientes elementos:

1. El conocimiento del mundo derivado de la experiencia, de la educación o de las fuentes de información: lugares, instituciones y organizaciones, personas, objetos, acontecimientos, procesos e intervenciones en distintos ámbitos.

2. El conocimiento sociocultural a menudo distorsionado por estereotipos y experiencias previas comprende el conocimiento de la sociedad y de la cultura de la comunidad de habla objeto de estudio: relaciones personales, relaciones entre sexos, estructuras y relaciones familiares, estructura social y las relaciones entre sus miembros, riqueza, arte, valores y creencias, lenguaje corporal, convenciones sociales.

3. La conciencia intercultural entendida como el conocimiento, la percepción y la comprensión de la relación entre el 'mundo de origen' y el 'mundo de la comunidad objeto de estudio'. Esta conciencia intercultural supone una toma de conciencia del modo en que la comunidad propia y extraña aparece representada en el imaginario social y cultural de la otra.

Las destrezas y habilidades (saber-hacer) comprenden:

1. Destrezas sociales: capacidad de actuar de acuerdo con los tipos de convenciones y de comportarse de la forma esperada siempre que los foráneos, y en especial los extranjeros, lo consideren apropiado.

2. Destrezas y habilidades interculturales: capacidad de relacionar entre sí la cultura de origen y la cultura extranjera; la sensibilidad cultural y la capacidad de identificar y utilizar una variedad de estrategias para establecer contacto con personas de otras culturas; la capacidad de cumplir el papel de intermediario cultural entre la cultura propia y la cultura extranjera y de abordar con eficacia los malentendidos interculturales y las situaciones conflictivas; la capacidad de superar relaciones estereotipadas.

Por otra parte, la capacidad para aprender (saber aprender), es la competencia general que moviliza la competencia existencia, el conocimiento declarativo y las destrezas del aprendizaje comunicativo. El Consejo de Europa (2001) también señala que la capacidad para aprender está relacionada con la predisposición a descubrir la alteridad/otredad y el saber cómo afrontarla. En este sentido, ese otro puede ser otra lengua, otra cultura, otras personas u otras áreas de conocimiento. Esta habilidad, junto a la existencial, se tornan capitales para armar una estructura sólida de bienestar tanto para el alumnado como para el profesorado. Como se apunta en el marco PERMA, Seligman (2011) establece que las relaciones positivas son un pilar fundamental para conseguir un estado de bienestar sólido.

Los conceptos competencia estratégica, variables afectivas, estilos de aprendizaje y estrategias de aprendizaje ya se habían mencionado con anterioridad a la aparición del concepto de competencia existencial y estos términos todavía se utilizan por autores y autoridades educativas en la actualidad.

A la hora de enseñar a alguien, según Guijarro Ojeda (2006a, 2006b), es fundamental considerar las dificultades y los parámetros individuales donde intervienen elementos como las actitudes, la motivación, los estilos cognitivos o los valores, todos ellos elementos cruciales para desarrollar las habilidades generales de una persona e, igualmente, su competencia comunicativa que está en la base de la comunicación efectiva entre humanos. Igualmente, la competencia existencial está intrínsecamente ligada a la cultura, especialmente en las interacciones y perspectivas interculturales.

Hernando Calvo (2009) establece que la competencia existencial es un componente importante de la afectividad y la emocionalidad que tiene un impacto significativo en la competencia comunicativa. En pocas palabras, la comunicación efectiva depende de aspectos individuales como las actitudes, las motivaciones, los valores, las creencias, la autoestima y la afiliación a un grupo. Por lo tanto, además de la habilidad de comunicación, esta competencia implica el desarrollo de habilidades sociales que son esenciales para interactuar con diferentes culturas y valores. Como seres humanos, poseemos características cognitivas, afectivas y sociales, por lo que una formación integral del profesorado debe abordar todas y cada una de estas tres áreas.

Los conocimientos teóricos como los conocimientos afectivos y sociales, así como los conocimientos prácticos, las habilidades y las actitudes o compromisos personales, forman parte de la competencia existencial. Esta competencia requiere el uso de la imaginación y la creatividad al tiempo que fomenta actitudes que valoran la libertad de expresión, el derecho a la diversidad cultural y la realización de experiencias artísticas compartidas.

Hay que desarrollar la sensibilidad y el aprecio por la estética para comprender y apreciar plenamente los diferentes aspectos de la cultura de una lengua extranjera. Esto requiere una variedad de habilidades cognitivas, comunicativas y perceptivas, así como la capacidad de percibir, evaluar y valorar estas expresiones culturales. En pocas palabras, para ser más receptivo a la diversidad cultural, es importante reconocer su importancia en la adquisición del lenguaje y sus representaciones artísticas en diversas formas como la música, el cine, las artes visuales, la arquitectura, la literatura y su impacto histórico.

Es fundamental dar gran importancia a la valoración de los aspectos locales y culturales en un mundo globalizado, en el que la búsqueda de la igualdad se extiende incluso a la estética. Estos valores adquiridos, que reflejan un modo de vida, una existencia comunitaria y un uso particular de la lengua, no deben perderse. En esencia, la lengua y la cultura son inseparables, y el arte es parte de la cultura, que también debería valorarse durante el proceso de adquisición de la lengua.

La tolerancia hacia la alteridad, o la aceptación de las diferencias en diversas características, es un aspecto esencial de la competencia existencial que desempeña un papel importante en el desarrollo de los estudiantes, el profesorado y los comunicadores interculturales. Es fundamental aceptar y promover la tolerancia hacia las diferencias, especialmente cuando se trata de la cultura y las características distintivas de un país extranjero. Para desarrollar esta habilidad, es esencial trabajar en conjunto con una variedad de individuos, organizaciones e instituciones. La intolerancia hacia lo diferente con frecuencia conduce a dificultades de adaptación o convivencia, especialmente cuando se está inmerso en una cultura extranjera, como cuando se aprende una lengua extranjera.

Hernando Calvo (2009) describe las habilidades sociales como un componente crucial de la competencia existencial. Es necesario tener habilidades sociales básicas y ser capaz de interactuar con personas de otras culturas. En términos más sencillos, se refiere a expresar adecuadamente los propios sentimientos, actitudes, deseos, opiniones o derechos en una situación comunicativa específica. Además, una sólida base de competencia existencial es necesaria para gestionar y mediar eficazmente en conflictos interculturales. Esto se necesita para navegar por situaciones complejas en las que chocan intereses, deseos y necesidades contrapuestos. Esto implica mantener bajo control las emociones negativas que puedan surgir en tales circunstancias y canalizarlas de manera constructiva. Afirma que existen cinco componentes fundamentales para la negociación de la resolución de conflictos interculturales que ocurren en la vida cotidiana y en el aula de idiomas:

1. Confianza: crear un ambiente cálido y acogedor. Negociar será difícil si no hay confianza.
2. Escuchar: ser capaz de expresar eficazmente nuestras ideas y escuchar atentamente a nuestros interlocutores. Escuchar es tan importante como hablar.
3. La capacidad de imaginarse mentalmente en la perspectiva de otro para comprender y apreciar sus respuestas se conoce como empatía.
4. Paciencia: la negociación requiere tiempo. No se trata de simplemente llegar y convencer a la otra parte, ni tampoco de apresurarse ni de ser impaciente.
5. Interés compartido: ambas partes deben mostrar interés mutuo y hablar de manera equitativa.

La buena gestión y regulación de los factores afectivos es otro aspecto crucial de la competencia existencial que consideramos de suma importancia. En primer lugar, es crucial reconocer las emociones en situaciones de conflicto, canalizarlas y expresarlas de manera controlada, evitando la supresión de las emociones y evitando comportamientos impulsivos y agresivos. En consecuencia, los docentes de lenguas deben tener la habilidad de promover la inteligencia emocional y espiritual en ellos y en sus alumnos para desarrollar la habilidad existencial. Solo a través de este medio podrán los estudiantes manejar y superar sus emociones.

El cuadro siguiente muestra la clasificación del MCERL (2001) de la competencia existencial:

Tabla 1. Componentes de la competencia existencial
según el *Marco común europeo de referencia para las lenguas* (2001).

COMPETENCIA EXISTENCIAL	
Actitudes	— Apertura hacia nuevas experiencias, otras personas, ideas, pueblos, sociedades y culturas, y el interés que muestran hacia ello. — Voluntad de relativizar la propia perspectiva cultural y el propio sistema de valores culturales. — Voluntad y capacidad de distanciarse de las actitudes convencionales en cuanto a la diferencia cultural.
Motivación	— Intrínseca y extrínseca — Instrumentales e integradoras — Impulso comunicativo, la necesidad humana de comunicarse
Valores	— Éticos — Morales
Creencias	— Religiosas — Ideológicas — Filosóficas
Estilos cognitivos	— Convergente y divergente — Holístico, analítico y sistémico
Personalidad	— Locuacidad y parquedad — Espíritu emprendedor e indecisión — Optimismo y pesimismo — Introversión y extraversión — Actividad y pasividad — Personalidad con complejo de culpabilidad liberada de ellos — Rigidez y flexibilidad — Mentalidad abierta y mentalidad cerrada — Espontaneidad y autocontrol — Grados de inteligencia — Meticulosidad y descuido — Capacidad memorística — Diligencia y pereza — Ambición y conformismo — Autoconciencia y falta de autoconciencia — Independencia y falta de independencia — Seguridad y falta de seguridad — Autoestima y falta de autoestima

Fuente: elaboración propia

Es obvio que el saber ser incluye la comprensión de uno mismo y la habilidad para interactuar en diversas circunstancias (la inteligencia intrapersonal está relacionada con la inteligencia interpersonal, lo que crea un tercer tipo de inteligencia: la inteligencia emocional). Además, las actitudes y los rasgos de personalidad de las personas tienen un impacto en su capacidad de aprender (antes conocida como competencia de aprendizaje), que es una habilidad general que está relacionada con conceptos como autonomía y estrategias de aprendizaje, según el Consejo de Europa (2001).

LAS EMOCIONES COMO RECURSO PSICOLÓGICO Y EXISTENCIAL

A lo largo de la historia, los filósofos han tenido diferentes y contradictorias perspectivas sobre la relación entre las emociones (como el amor, el afecto y la ira) y la razón (como el conocimiento). Las emociones se consideraban tradicionalmente contrarias al progreso y la racionalidad. En los años 60 del siglo pasado, los científicos comúnmente consideraban las emociones como un privilegio biológico, sugiriendo que no eran significativas en la existencia humana y que podían ser ignoradas. Elster (1985) dijo que había una conexión directa entre las emociones y las acciones porque las emociones con frecuencia anulan y pueden dañar los procesos mentales racionales. Además, añadían Oatley y Jenkins (1996) que las personas en los países occidentales a menudo ven las emociones como algo malo y dificultan el pensamiento objetivo.

Los conocimientos actuales reconocen la conexión entre el desarrollo humano y la adquisición de conocimientos y las emociones. No obstante, todavía existen deficiencias en el desarrollo de habilidades no formales en la Educación Primaria, tales como la resiliencia y la habilidad de crear entornos de aprendizaje favorables en los que profesores, alumnos, personal administrativo y de apoyo y padres se sientan seguros, cuidados y apreciados.

Daniel Goleman es uno de los primeros en el campo de la educación emocional en popularizar la importancia de las emociones en la educación. En cuanto a la predicción del éxito en la vida, la educación emocional es tan poderosa, y a veces más poderosa que el cociente intelectual (Goleman, 1999). La inteligencia emocional, más que el cociente intelectual, es el predictor más fiable del éxito en la vida y en la escuela, destaca Scherer (1997).

La inteligencia emocional incluye una amplia gama de habilidades que facilitan la identificación, el procesamiento y el manejo de las emociones. El autocontrol, el entusiasmo y la capacidad de motivarse a uno mismo son ejemplos de inteligencia emocional. Además, se basa en un conjunto de habilidades o capacidades humanas como la perseverancia, la capacidad de resistir las frustraciones, el control de los impulsos, la posposición de las gratificaciones, la capacidad de mantener el sentido del humor y no perder la capacidad de reflexión (incluso en situaciones de ansiedad), la empatía, el optimismo y la esperanza, así como la capacidad de motivar a las personas ayudándolas a mostrar lo mejor de sí mismas, sus talentos.

Según un estudio de Austin *et al.* (2005), la inteligencia emocional mejora la salud mental y física y el bienestar general. Los maestros con altos niveles de inteligencia emocional pueden mejorar la gestión del aula, manejar el estrés y llevar a cabo prácticas docentes positivas, efectivas y dinámicas. Esto se ha demostrado en varios campos de investigación, como la psicología, la educación, la gestión y el liderazgo (Chan, 2006, 2014; Saklofske *et al.*, 2012). Además, una alta inteligencia emocional ayuda a crear entornos de aprendizaje positivos (Vesely *et al.*, 2013).

La cognición y las emociones están estrechamente relacionadas. Según Goleman (1997), tenemos dos cerebros y dos categorías de inteligencia diferentes: la inteligencia racional y la inteligencia emocional. Ambas inteligencias son cruciales para determinar cómo funcionamos en general en la vida. Nuestro estado emocional, incluida la ansiedad y otros sentimientos, influye en gran medida en cómo utilizamos las habilidades cognitivas. Además, para Simonetti y Ramiro (2001), es posible que las personas con una inteligencia racional alta también tengan una inteligencia emocional alta, lo que podría resultar en un mayor potencial y mayores oportunidades de éxito personal y profesional. En sus propias conclusiones, Goleman (1997) también apoya esta idea.

Los niveles de optimismo más altos son un indicador confiable de los logros académicos entre las personas emocionalmente inteligentes. La correlación entre el cociente intelectual y el éxito en la vida no es tan fuerte como se cree comúnmente; hay muchas situaciones en las que el cociente intelectual (CI) no puede predecir el éxito. De hecho, parece que el CI solo representa el 20% de los factores que determinan el éxito, dejando el 80% restante a las variables externas. Siendo así, es de común conocimiento el hecho de que obtener un título con excelencia académica demuestra solamente habilidades en las pruebas de evaluación, pero no ofrece ninguna perspectiva sobre cómo una persona abordará los desafíos y las incertidumbres de la vida.

Souza (2004), Goleman sostiene que el equilibrio emocional es tan crucial para el éxito en la vida como la preparación intelectual. Sin embargo, afirma que la teoría de las inteligencias múltiples, que se basa en las teorías de Howard Gardner (1995), no ha recibido el mismo nivel de aceptación en la comunidad académica que el trabajo de Goleman. Además, la psicología moderna demuestra que existen varios tipos de capacidad cognitiva.

Aunque la inteligencia emocional ya no es un tema de moda, las familias, los educadores, los psicólogos y los medios de comunicación deberían seguir interesados en ella. Sin embargo, debido a que la educación emocional comienza en la familia, los principales interesados deberían ser los profesores y las familias.

La tabla siguiente muestra una clasificación y explicación de la inteligencia emocional de Goleman (1997):

Tabla 2. La inteligencia emocional según Goleman (1997).

INTELIGENCIA EMOCIONAL	
Intrapersonal	Interpersonal
1. El autoconocimiento: reconocer el sentimiento a la hora que ocurre	1. Sensibilidad social: el reconocimiento de las emociones en otras personas, empatía
2. El control emocional: habilidad para lidiar con sus propios sentimientos	2. Negociación de soluciones: la habilidad de mediar, resolviendo conflictos
3. La automotivación	3. Organización de grupos: habilidad de liderazgo

Fuente: elaboración propia

El desarrollo emocional es un componente importante tanto de la inteligencia intrapersonal como de la inteligencia interpersonal, así como el desarrollo de otras formas de inteligencia se ve significativamente afectado por él. El cociente emocional mide las emociones y el cociente intelectual mide la cognición. Estos dos aspectos de la inteligencia interactúan entre sí. Nuestras emociones tienen un impacto significativo en la forma en que utilizamos los procesos cognitivos. Las variables afectivas probablemente tienen un mayor efecto en el uso de estrategias que la inteligencia y la aptitud, según Williams y Burden (1999). Es posible inferir que la ansiedad tiene un impacto significativo en el uso de estrategias cognitivas.

De esta manera, podemos llegar a la conclusión de que el autoconocimiento y el autocontrol son las claves para el éxito personal y profesional, así como en cualquier objetivo que nos propongamos. Se sabe que no podemos controlar qué emoción tendremos o cuándo, pero es posible conocer su duración. Se sabe que el concepto de inteligencias múltiples se opone a la categorización de la inteligencia únicamente como un coeficiente intelectual. Conociendo la teoría de la inteligencia emocional y la inteligencia múltiple, el profesor puede ayudar a sus alumnos a conocerse a sí mismos, reconocer sus propias emociones, controlarlas y, por lo tanto, automotivarse. De esta manera, también pueden conocerse mejor a sí mismos, transfiriendo la responsabilidad de motivar a los propios alumnos (automotivación), dándoles cierta autonomía, no solo intelectual, sino también emocional, en relación con el profesor. Estos hallazgos son cruciales para aumentar el éxito de los estudiantes en actividades con alta probabilidad de fracaso e, igualmente, para el buen funcionamiento del componente afectivo y de bienestar docente del profesorado.

Si las personas no confían en su inteligencia, es probable que crean que no pueden mejorar. Sin embargo, aquellos que tienen una gran confianza en sus capacidades suelen atribuir su éxito a una inteligencia innata. Se abstendrán activamente de situaciones con alta probabilidad de fracaso porque transmiten mensajes negativos sobre sus habilidades (Williams y Burden, 1999).

Aparte de las variables emocionales, se ha descubierto que otros factores, incluida la motivación, tienen un impacto en las estrategias de aprendizaje y guardan una correlación más significativa con la utilización de estrategias. La posibilidad de implementar estrategias alternativas se ve favorecida por una mayor motivación y confianza en uno mismo. Además, los factores como la estratificación socioeconómica de los estudiantes y las influencias culturales de su entorno también tienen un impacto significativo en la utilización de estrategias.

LAS INTELIGENCIAS MÚLTIPLES Y LAS EMOCIONES

La Teoría de las Inteligencias Múltiples de Howard Gardner cuestiona la definición tradicional de inteligencia, que se basa en resultados positivos en pruebas estandarizadas. Este psicólogo de la Universidad de Harvard propone una visión diferente que integra siete inteligencias distintas. La teoría de Gardner se opone a la idea tradicional de que la inteligencia es un atributo único. En cambio, sostiene que la capacidad de resolver problemas de cada persona está influenciada tanto por factores biológicos como por influencias culturales.

Gardner (2005) afirma que cada inteligencia tiene una operación central o un conjunto de operaciones. Los tipos específicos de información ya sean de uno mismo o del entorno externo y los símbolos culturales afectan a estas operaciones. La conexión entre una inteligencia y el sistema simbólico humano estaría planificada en lugar de ser involuntaria. La teoría reconoce que, en la edad adulta, las inteligencias trabajan juntas en lugar de trabajar solas, lo que resulta en una combinación de inteligencias múltiples.

De las inteligencias planteadas por Gardner, son relevancia para nuestro estudio la inteligencia intrapersonal y la inteligencia interpersonal.

La capacidad de una persona para comprender y controlar sus emociones se conoce como inteligencia intrapersonal, que está relacionada con la inteligencia emocional. La creación de una representación precisa de uno mismo es necesaria, lo que incluye una variedad de emociones, su distinción y la capacidad de reconocer y comprender sus características. Esta inteligencia es difícil de percibir y requiere manifestaciones externas como el lenguaje, la música u otros medios. El deterioro de los lóbulos frontales inferiores puede afectar esta inteligencia, dando lugar a características relacionadas con los tipos de personalidad depresiva.

La capacidad de interactuar eficazmente con los demás y comprenderlos se conoce como inteligencia interpersonal. Abarca la capacidad de comprender las motivaciones y personalidades de los demás, así como la capacidad de trabajar juntos para lograr resultados positivos. Esta inteligencia se basa en la percepción de las diferencias entre las personas, que incluyen variaciones en emociones, personalidades, motivaciones e intenciones. Las formas más avanzadas de inteligencia interpersonal capacitan a las personas para percibir las intenciones ocultas de los demás, lo que la hace crucial para profesiones como la terapia, la enseñanza y la crianza de hijos. El apego prolongado a las madres en los primates y la importancia de la interacción social en la evolución humana son pruebas biológicas que apoyan la inteligencia interpersonal.

La Teoría de las Inteligencias Múltiples de Gardner amplía el concepto de inteligencia más allá de las evaluaciones convencionales, reconociendo los diversos métodos que emplean las personas para adaptarse a su entorno y resolver problemas. Haciendo hincapié en la naturaleza intrincada y abundante de la inteligencia humana, destaca la intrincada interacción entre las predisposiciones biológicas y los factores culturales.

El humor y el bienestar emocional

Según la definición de Oxford (1990), el humor es una estrategia reconocida que ayuda a reducir la ansiedad y actúa como mecanismo de defensa en situaciones estresantes. El humor, según Rubio Alcalá (2004), juega un papel importante en la creación de un entorno de aprendizaje agradable y propicio, además de disminuir la ansiedad. El humor tradicionalmente no ha sido asociado con la enseñanza y su uso ha sido limitado. Sin embargo, es crucial distinguir entre el humor positivo y negativo y evitar confundirlo con la sátira, la burla o el humor agresivo.

Francia y Fernández (1996) destacan que el humor no ha sido utilizado demasiado en la educación en el pasado, aunque hay algunas excepciones como Felipe Neri (siglo XVI) y D. Bosco (siglo XIX) que lo utilizaron como una herramienta para enseñar. Según Rubio Alcalá (2004), a pesar de su origen en el campo cognitivo, el humor tiene un impacto positivo en los sentimientos y afecta simultáneamente a ambos hemisferios del cerebro. El humor es considerado por como una herramienta efectiva para resolver una variedad de desafíos y ayuda a fomentar la creatividad. Igualmente, contrarresta el deterioro físico, psicológico y profesional y lamentan la falta de humor en la sociedad, lo que conduce a la aparición de personas sin sentido del humor.

De acuerdo con el constructivismo pospiagetiano, el texto enfatiza la importancia de incorporar momentos agradables y placenteros en el aula. Sin embargo, hace hincapié en la importancia de evitar el comportamiento agresivo, ya que tiene el potencial de generar emociones negativas y perturbar el ambiente de aprendizaje. Según Rubio Alcalá (2004), un sentido del humor bien desarrollado es aquel que puede encontrar diversión en sí mismo, entretener a los demás y transformar las circunstancias negativas en positivas; todo ello, elementos clave en la consecución de un equilibrio en el bienestar emocional.

Los efectos positivos del humor

Se destaca el efecto positivo de la risa en el bienestar físico. Los estudios de Klein (1988) destacan los beneficios de la risa para el corazón, como mejorar la circulación sanguínea y el funcionamiento de los órganos vitales. El humor en los hospitales pediátricos reduce los niveles de dolor, acelera el proceso de curación y facilita la rehabilitación, según investigaciones científicas citadas por Robinson (1991).

El humor ayuda a lidiar con las situaciones angustiosas y provoca sentimientos de placer, felicidad y bienestar general. De acuerdo con Moody (1979), el humor y la risa se pueden considerar como una forma psicológica de retroactividad, que permite a las personas regresar a un estado de funcionamiento mental y emocional anterior. La risa, que se distingue por ser expresiva y espontánea, se considera una forma de liberar emociones y contrarrestar sentimientos negativos como la ira, como demuestra la Terapia Racional Emotiva del doctor Albert Ellis. Moody (1979) destaca la capacidad del humor para evitar situaciones potencialmente agresivas y contrarrestar las emociones negativas.

En general, la aplicación del humor en la educación, especialmente cuando se utiliza en conjunto con canciones, demuestra ser un método versátil que tiene muchas ventajas. La incorporación deliberada del humor no solo ayuda a aliviar la ansiedad, sino que también crea una atmósfera de aprendizaje favorable y cautivadora, fomentando el ingenio y el bienestar de los estudiantes.

El humor, cuando se usa de manera asertiva, facilita la comunicación. De acuerdo con Rubio Alcalá (2004), el humor se opone a la rigidez de algunas personas y daña a aquellos que se resisten a ser flexibles. Afirma que el humor aumenta la confianza en las relaciones intergrupales y mejora los resultados de las tareas de grupo. Francia y Fernández (1996) señalan que la risa desempeña un papel de corrector social en la sociedad, lo que demuestra las múltiples funciones sociales del humor. Siendo así, ayuda a las personas que luchan por relativizar ciertas situaciones, contrarrestando la rigidez física y mental y a humanizar la mecanización de las actividades, ya que, al humanizar a las personas, el humor ayuda a contrarrestar el comportamiento mecánico y fomenta un sentimiento de conexión y humanidad compartida. Igualmente, es una herramienta útil para contrarrestar el aislamiento y aceptar la diversidad y desalienta los comportamientos sardónicos o cáusticos.

Moody (1979) destaca la importancia de la risa contagiosa en el aula, particularmente su función de fomentar la comunicación, principalmente al aliviar la tensión y estimular el diálogo a través de situaciones humorísticas. El impacto emocional del humor influye significativamente en la comunicación, la interacción y la amistad. Sirve como catalizador para la comunicación, la interacción y el desarrollo de amistades en situaciones difíciles.

Francia y Fernández (1996) enfatizan la importancia del humor para mejorar las relaciones interpersonales, destacando que las personas con sentido del humor pueden manejar con éxito las situaciones difíciles. Por ejemplo, el líder emocionalmente maduro y sensato puede desactivar las circunstancias y evitar conflictos emocionales innecesarios. Se destaca la importancia de que los profesores sean emocionalmente maduros, expertos en usar el humor con discernimiento para desencallar la realidad conflictiva y cultivar una atmósfera emocional positiva. En el ámbito pedagógico, estos autores afirman que el sentido del humor es útil para la interiorización de la información y también para su expansión. Esto conlleva una serie de beneficios para el aprendizaje:

— Las tareas pueden mejorar su calidad y rendimiento;
— Las actitudes que se generan ante las tareas, sus elementos y metodología mejoran sustancialmente;
— Es un mecanismo positivo para el establecimiento, consenso y aplicación de normas para la realización de tareas, así como para la elección del método más adecuado;
— Es un promotor de los procesos cognitivos y de la memoria;
— Es un potenciador de la atención general y de los sentidos de manera individual;
— Incrementa la motivación personal;
— Fomenta las relaciones positivas entre los integrantes de los grupos humanos, favoreciendo la amistad, la cooperación y la cercanía afectiva.

El humor tiene una función desdramatizadora similar a la de un tercer ojo, que da nuevas perspectivas de la realidad. Se considera un medio para observar la realidad desde una perspectiva no tradicional y políticamente incorrecta, lo que ayuda a tener una comprensión más clara y completa de uno mismo y del contexto circundante. Así, el humor ayuda a reducir la gravedad de las preocupaciones y a establecer una atmósfera positiva que fomente un aprendizaje productivo, reconociendo las numerosas tensiones y conflictos que se producen naturalmente en las interacciones sociales y de grupo. Advierte contra la simplificación o exageración de los eventos diarios, enfatizando la importancia de mantener una visión equilibrada y realista.

De acuerdo con Marins y Guijarro (2010), el sentido del humor es esencial para comprender la relación entre profesores y estudiantes, ya que supera los elementos profesionales, cognitivos y emocionales para establecer una conexión vibrante y revitalizante. La risoterapia también es conocida por su capacidad para reducir la seriedad de la realidad y fomentar una mentalidad más optimista y competitiva. Se enfatiza una variedad de componentes psicológicos relacionados con el humor y la risa, incluida la regresión, la expresividad, la resistencia a las emociones negativas, el contagio y su impacto social y comunicativo. Se propone que el uso del humor como estrategia emocional en las aulas de idiomas es un ámbito que aún no se ha explorado adecuadamente y que tiene mucho potencial para la investigación y la creación de recursos educativos.

La comedia se estructura como una profesión dentro de la sociedad y forma una subcultura que los científicos sociales no han estudiado a fondo, según Moody (1979). Seis principios fundamentales definen el sentido del humor:

1. La capacidad de hacer reír a los demás: las personas tienen la capacidad de entender el nivel de comicidad de los compañeros.
2. La convencionalidad: hay que saber lo que resulta gracioso en un contexto determinado, cultura o entorno.
3. El sentido de ser el alma del grupo: poseer un banco de recursos disponibles como estrategias de entretenimiento, chistes, anécdotas divertidas o historias hilarantes.
4. La creatividad: capacidad para la invención de juegos, historias o bromas aceptadas como humorísticas.
5. La deportividad: capacidad de tomarse a uno mismo como elemento cómico.
6. La perspectiva holística: capacidad de tomar distancia con uno mismo.

Al investigar las diversas facetas del humor, descubrimos una serie de sentidos que contribuyen a su potencial terapéutico en las interacciones interpersonales. Las estrategias de entretenimiento, como una colección de chistes e historias, sirven para entretener y crear vínculos entre las personas, se incluyen en el concepto de esencia del grupo. La creación de chistes imaginativos, juegos y narraciones demuestra un sentido creativo que agrega un elemento dinámico a las interacciones interpersonales. El concepto de deportividad se refiere a la habilidad de reírse de uno mismo, promoviendo la modestia y la capacidad de recuperación. Finalmente, la comprensión de la perspectiva holística fomenta la capacidad de las personas para comprenderse a sí mismos de manera objetiva, lo cual está en línea con la idea de inteligencia espiritual. Todo esto son recursos psicosociales que ayudan a la creación de un equilibrio de bienestar.

El profesor de psicología en Harvard, William McDougall (2001), afirma que la risa ayuda a mantener el bienestar psicológico. También señala que cuando la risa es inapropiada o excesivamente manifiesta, puede ser un signo de problemas de salud mental. Curiosamente, la literatura representa con frecuencia a los locos o bufones de la corte como individuos con percepciones y sabiduría profundas, desentrañando simbólicamente enigmas filosóficos sobre la vida y la verdad, lo que realza su importancia social.

Para concluir, los principios del bienestar abogan por un contexto de relaciones humanas basadas en el amor, la comprensión y el apoyo mutuo. El uso consciente y juicioso del humor dentro de este marco estructurado es un indicador de una inteligencia emocional elevada. No solo reduce la ansiedad, sino que también mejora la autoestima y aumenta la motivación. Cuando se aborda de manera positiva y se integra en el tejido de la vida, la fusión del humor y la risa se convierte en uno de los aspectos más agradables y enriquecedores de la existencia. De esta manera, el humor va más allá del simple placer de reírse y adopta una función curativa que mejora el bienestar tanto personal como colectivo.

ELEMENTOS CLAVE DEL CAPITAL PSICOSOCIOLÓGICO

La motivación

La motivación es un componente importante que tiene un impacto significativo en el desarrollo de la carrera docente y en cualquier contexto educativo, especialmente en entornos de aprendizaje de idiomas extranjeros que no son inmersivos. El concepto de motivación es complejo y está influenciado por una variedad de factores, incluidas las personalidades individuales, los métodos, el estilo pedagógico, las estructuras organizativas o la propia motivación de los estudiantes, que debe estar en línea con sus necesidades y expectativas.

La motivación tiene cuatro dimensiones, según Williams y Burden (1999), un estado de excitación cognitiva y emocional, que lleva a una decisión consciente de pasar a la acción, y un esfuerzo intelectual y/o físico sostenido para lograr objetivos específicos.

La definición de motivación de Williams y Burden (1999) incluye elementos como el interés, la curiosidad y el logro, que pueden variar según la situación. La teoría de la adquisición de segundas lenguas enfatiza la motivación como un conjunto vital de elementos que impulsan y dirigen el comportamiento. Es difícil encontrar las fuentes de motivación, pero Chomsky enfatiza que los profesores son cruciales para despertar el interés de los estudiantes por la materia de estudio. Gardner reconoce los beneficios de aprender una lengua extranjera, pero enfatiza el papel crucial de la motivación, afirmando que tanto la motivación como las habilidades juegan un papel importante en el aprendizaje de una segunda lengua.

Los factores externos, como la influencia de los demás o los eventos, y los factores internos, como el interés o la curiosidad, pueden afectar la motivación. Aunque algunas personas tienen una motivación natural, otras pueden necesitar estímulos o ayuda de fuentes externas para mejorar su rendimiento y disfrute. La naturaleza competitiva del sistema educativo, junto con el miedo al fracaso, puede dificultar el éxito. La motivación puede cambiar debido a factores externos o internos, como el interés o la curiosidad. Según los estudios motivacionales, es poco probable que haya una ausencia total de motivación, interés o atención, a pesar de las complejidades que entraña, ya que estas cualidades son aspectos inherentes a la vida misma (Williams y Burden, 1999).

Alonso (1991) afirma que los estudiantes en una clase de idiomas pueden tener diferentes niveles de motivación, por lo que la responsabilidad del profesor de idiomas es inspirar motivación, fomentar el interés, establecer objetivos y proporcionar los recursos necesarios para alcanzarlos. Para que esta dinámica tenga éxito, el docente debe estar motivado y contento con su trabajo. Según Alonso Tapia y Cartula Fita (2003), un profesor sin motivación tendrá problemas para inspirar a sus alumnos y puede contribuir involuntariamente a su desmotivación. Enfatizan la necesidad de tener una dirección precisa para reducir la inactividad de los estudiantes, especialmente en el caso de actividades exploratorias a largo plazo. Todas estas exigencias motivacionales del alumnado suponen una carga emocional de gran calado para el profesorado de lengua extranjera que puede minar enormemente su equilibrio de bienestar.

En contraposición a esta idea, Almeida (2001) argumenta que las personas solo pueden inspirar a los demás, en contraposición a la noción de que pueden motivarlos directamente. Además, los estudiantes deben motivarse por sí mismos, lo que para Peters (2002) es la motivación más efectiva. Medidas que los estudiantes pueden utilizar para aumentar activamente su propia motivación consisten en sugerir, proponer y expresar sus opiniones en el ámbito de la educación. Igualmente, estas medidas son efectivas para el profesorado cuando se encuentra en climas comunicativos saludables y su voz es tenida en cuenta.

El psicólogo Mihaly Csikszantmihalyi introdujo el término flujo, que se refiere a un estado de movimiento sin esfuerzo de la energía mental. El estado en el que las emociones se integran a la perfección y se potencian para mejorar el rendimiento y el aprendizaje es definido por Goleman (1995). El flujo implica concentrarse por completo en una tarea, prestar toda la atención y experimentar recompensas intrínsecas que ayudan a aprender mejor. Según Csikszentmihalyi y Csikszentmihalyi (1998, apud Arnold y Brown, 2000), lograr este flujo requiere objetivos claros para la tarea y comentarios inmediatos. Sin embargo, la tarea debe encontrar un equilibrio entre ser demasiado fácil, lo que hace que uno se aburra, y ser demasiado desafiante, lo que hace que uno se ponga ansioso.

El estado de experiencia ideal beneficia tanto a los profesores como a los estudiantes. Los docentes son una gran inspiración para los estudiantes cuando tienen una sensación de flujo en su trabajo, como señalan Arnold y Brown (2000). Este fuerte e innato interés por la tarea va más allá de las preocupaciones cotidianas, cambia la forma en que se ve el tiempo y promueve un aprendizaje eficaz.

El enfoque de la motivación de Dörnyei (1994) enfatiza la motivación como un proceso cognitivo. Weines (1992, apud Arnold, 2000), describe tres sistemas conceptuales de motivación: la teoría de la atribución, la indefensión aprendida y la autoeficacia. Los pensamientos y los sentimientos conscientes son esenciales para moldear las expectativas de aprendizaje en este enfoque cognitivo, según Williams y Burden (1999). Se pone énfasis en la idea de elección, que se refiere a las motivaciones de las personas para actuar de cierta manera y a los factores que afectan sus decisiones. Tal y como sostienen Williams y Burden (1999), el profesorado tiene un papel crucial en garantizar que los alumnos actúen con conocimiento de causa en diversas situaciones de aprendizaje. Es importante señalar que el enfoque cognitivo se centra en la toma de decisiones de manera individual y no en los factores emocionales o sociales.

La distinción entre motivación intrínseca y extrínseca o instrumental e integradora son dos de las principales categorías de elementos motivadores para la adquisición del lenguaje. Los psicólogos cognitivos y académicos respetados como Gardner y Lambert (1985) han estudiado y discutido extensamente esta clasificación. Las dimensiones de las motivaciones intrínsecas y extrínsecas identificadas por Gallardo (1999) muestran la curiosidad/interés frente a la satisfacción/cualificación del profesor, el dominio independiente frente a la dependencia de la resolución de problemas del profesor y el juicio independiente frente a la confianza en los juicios del profesor. Además, diferencia los criterios de éxito internos de los externos.

El deseo de obtener una recompensa o evitar un castigo se conoce como motivación extrínseca, según Arnold y Brown (2000). Por el contrario, la motivación intrínseca surge de la creencia de que el proceso de aprendizaje es intrínsecamente gratificante, alimentado por la curiosidad y el interés innatos. Estos autores afirman que alimentar la motivación intrínseca, que tiene sus raíces en motivos personales, ofrece el mayor potencial porque brinda la competencia y la autonomía necesarias para alcanzar mayores logros. Se ha descubierto en particular que la motivación intrínseca se aumenta con motivadores externos, como comentarios o elogios. En este sentido, Cardoso *et al.* (2021) concluyen que los dos únicos factores que correlacionan positivamente con el éxito profesional como docentes son la motivación intrínseca y la inteligencia emocional.

Según Csikszentmihalyi (1990, apud Arnold y Brown, 2000), la vida tiene sentido cuando las experiencias son inherentemente satisfactorias en lugar de enfocarse únicamente en un futuro hipotético. No obstante, según Alonso Tapia y Cartula Fita (2003), es necesario mantener un equilibrio entre las motivaciones internas y externas.

Arnold y Brown (2000) proponen métodos de enseñanza que los profesores pueden utilizar para aumentar la motivación natural en las aulas de idiomas:

— El objetivo es aumentar la autosuficiencia de los estudiantes al establecer metas personales y usar estrategias de aprendizaje efectivas.

— En lugar de depender de incentivos externos, promover el cultivo de la motivación intrínseca en los alumnos, haciendo hincapié en la gratificación derivada de completar con éxito una tarea.

— Promover el compromiso de los estudiantes debatiendo activamente y acordando los diferentes elementos del plan de estudios, al mismo tiempo que se fomenta el aprendizaje colaborativo.

— Dar prioridad a la comprensión de los componentes lingüísticos individuales, incorporar a los estudiantes en ejercicios basados en el contenido que se ajusten a sus intereses.

— Crear exámenes que permiten a los estudiantes ofrecer comentarios además de evaluaciones numéricas.

Los conceptos de motivaciones integradora e instrumental fueron introducidos por Gardner y Lambert en 1972, como mencionan Arnold y Brown (2000). Sin embargo, estos últimos hacen hincapié en la importancia de la intensidad y la claridad del propósito, que pueden verse influenciadas por diversos factores internos del alumno, destacando que la eficacia de la motivación no está ligada exclusivamente a un tipo específico.

Las motivaciones instrumentales e integradoras se contemplan en el *Marco Común Europeo de Referencia para las Lenguas* del Consejo de Europa (2001). Sin embargo, según Gardner (2007), la calidad y la intensidad de la motivación, que incluyen actitudes conductuales, factores cognitivos y aspectos afectivos, son más importantes que las categorías de motivación específicas:

> It is possible to hypothesize other types of motivation, of course, but to me the type of motivation is not that important. In my opinion, the distinction between integrative and instrumental motivation or between intrinsic and extrinsic motivation does not help to explain the role played by motivation in its broadest sense, incorporating the behavioural cognitive and affective components, that is important. Our research has demonstrated that it is the intensity of the motivation in its broadest seen, incorporating he behavioural, cognitive, and affective components, that is important (Gardner, 2007:19).

Teniendo en cuenta el papel crucial de la motivación, que incluye aspectos conductuales, cognitivos y afectivos, se pueden prever múltiples marcos motivacionales. Gardner enfatiza que la intensidad de la motivación en cada una de estas dimensiones es fundamental.

Además, Alonso Tapia y Cartula Fita (2003:78) agregan dos categorías adicionales a la clasificación de la motivación:

1. Los factores emocionales e interpersonales están involucrados en la automotivación, especialmente cuando se trata de la autoestima. La percepción que una persona tiene de sí misma se ve influenciada por sus logros y fracasos, lo que conduce a una autopercepción positiva, lo que aumenta la seguridad en sí mismo y la autoestima positiva, lo que impulsa a la persona a seguir aprendiendo.

2. La gratificación emocional que surge de ser reconocido, elogiado o aprobado por individuos o grupos sociales considerados superiores se conoce como motivación de valor social, también conocida como motivación de apego. Este tipo de motivación puede generar una sensación de dependencia.

Como recurso para esquematizar un ámbito de investigación científica tan prolijo, Madrid (1999) examina una variedad de perspectivas sobre la motivación, incluida la investigación primaria sobre la motivación y el reconocimiento de las contribuciones de los autores que han influido en la investigación posterior en este campo. No es una revisión completa, sino más bien una guía para los investigadores que realizarán investigaciones futuras sobre el aspecto emocional de la motivación en la enseñanza y el aprendizaje de idiomas. Divide las corrientes que impulsan la motivación en tres grupos diferentes:

1. Las teorías que priorizan la reducción del estrés son las siguientes:
    a. Teoría psicoanalítica de Freud
    b. Teoría del impulso de Hull
2. Comportamiento impulsado por los objetivos y los logros previstos:
    a. Teoría de campo de Lewin
    b. Teoría de motivación de Atkinson
    c. Teoría del aprendizaje social de Rotter
3. Individuos que incluyen los procesos de desarrollo como un aspecto fundamental del impulso humano en su esfuerzo por comprender su propia naturaleza y el mundo que les rodea:
    a. Teoría de la atribución de Weiner
    b. Teoría de la psicología humanística de Rogers
    c. Teoría de los constructos personales de Kelly

La autonomía

Giovannini (2000) sostiene que el éxito en el trabajo es una variable que condiciona la motivación y cree que esta motivación promueve la dedicación al trabajo y aumenta la eficacia. También cree que el éxito es una condición que condiciona la motivación. La ecuación trabajo-éxito-motivación-eficacia es de suma importancia para lograr una condición de bienestar docente, que, a su vez, está directamente relacionada con el capital psicológico de los alumnos y su rendimiento en el aula. Aunque estas conclusiones nos parezcan claras, es importante señalar que la ecuación es necesaria para alcanzar este estado. Puesto que las variables afectivas están íntimamente ligadas a las variables cognitivas, se deduce que la eficacia del proceso de aprendizaje, así como las funciones psicológicas y sociales, están directamente relacionadas con la relación entre ambas. Este autor cree que la autonomía no es lo mismo que ser independiente, sino que es la capacidad de tomar decisiones basándose en información completa y precisa. Por consiguiente, la autonomía no es una estrategia en sí misma, sino el resultado de un proceso que implica reflexionar sobre el propio progreso en el aprendizaje.

El aprendizaje permanente en el mundo anglosajón, que hace referencia a la formación a lo largo de toda la vida, habría sido el motor del desarrollo de la autonomía, según afirma el mismo autor. Esto puede atribuirse a las nuevas exigencias que han surgido en el mundo laboral en las últimas décadas. Las exigencias del mundo profesional y social evolucionan constantemente y esta formación debe modificarse para adaptarse a esos cambios. En el año 2024, con la introducción de la Inteligencia Artificial (IA) y todos los avances que ofrece, ya no podremos considerar la práctica profesional de la enseñanza en los mismos términos que veinte años atrás.

Según Giovannini (2000), la única manera de que los alumnos tengan un control total sobre su propio proceso de aprendizaje es que se conviertan en autosuficientes en dicho proceso o adquieran la capacidad de autonomizarse. Además, sostiene que el nivel de capacidad de comunicación en una lengua extranjera es proporcional al nivel de competencia de aprendizaje de los individuos. La competencia de aprendizaje, a menudo conocida como aprender a aprender, es una competencia adicional que el alumno debe adquirir cuando estudia una lengua extranjera. Se añade a la competencia lingüística, la competencia sociolingüística, la competencia pragmática o la competencia sociocultural.

Los profesores deben esforzarse por lograr la autonomía en su enfoque de enseñanza, lo que no debe interpretarse como una especie de libertinaje, sino más bien como la plena competencia en el desarrollo de las tareas que se esperan de ellos. Marins y Guijarro (2010) afirman que el desarrollo de la autonomía no sólo es aplicable en el proceso de aprendizaje de idiomas, sino que también incluye características psicológicas de competencia existencial que pueden aplicarse a las actividades que las personas realizan en su vida privada. Desde este punto de vista, la autonomía se asocia más estrechamente con la noción educativa global. No es innato ni para los instructores ni para los alumnos poseer los rasgos de la autonomía, que incluyen la toma de decisiones, la responsabilidad y la puesta en práctica de las decisiones. Sin embargo, estas características pueden enseñarse a través de un plan de estudios o mediante una conciencia completa de las funciones que desempeñan los profesores. Es la experiencia que se vive durante el proceso de aprendizaje la clave y el fruto del esfuerzo que se realiza para aprender a aprender. Esto es cierto tanto para los alumnos como para los profesores, a los que se exige que tomen plena conciencia de sus actos a diario.

La situación actual plantea la cuestión de cómo podemos ayudar tanto a los educadores como a los alumnos a desarrollar su capacidad de autosuficiencia. Según Giovanni (2000), para que el alumno mejore su forma de aprender, el profesor debe proporcionarle la oportunidad de experimentar con diversas técnicas y estrategias de aprendizaje. Esto permitirá al alumno reflexionar sobre la eficacia de cada una de estas técnicas y debatir ciertas cuestiones que se plantean en el sistema formal de aprendizaje.

Aquellos individuos que son productivos, enérgicos y que simplemente saben aprender son considerados buenos estudiantes, según Giovannini (2000). No existe una única receta verdadera para convertirse en un buen estudiante. Según la teoría de las inteligencias múltiples de Gardner (1995), existe una gran variedad de formas en las que un individuo puede demostrar su inteligencia. Es posible que un sujeto tenga un alto nivel de inteligencia lingüística pero un bajo nivel de inteligencia lógico-matemática o musical, o viceversa. Por lo tanto, es imperativo que se respeten y reconozcan los estilos de aprendizaje y las variaciones individuales de personalidad. Si los alumnos no tienen una vocación que les exija aprender de forma independiente, no sería ético obligarles a hacerlo, ya que les estaríamos forzando a cambiar lo que son como individuos.

Gardner (1995) ofrece una respuesta a la pregunta de si las inteligencias son lo mismo que los estilos de aprendizaje o de trabajo. Continúa diciendo que algunas de las distinciones que aparecen en la teoría de las inteligencias múltiples son comparables a las que hacen o elaboran los educadores que hablan de diversos estilos de aprendizaje o de trabajo. Puede que sea necesario trazar un mapa de estilos y contenidos para descubrir qué estilos parecen estar más estrechamente asociados a un material específico y qué estilos pueden funcionar sin limitaciones, al menos en el caso de un individuo concreto (Arnold y Foncubierta, 2019).

Esto es necesario para llevar a cabo un examen exhaustivo de las diferencias individuales. La lección que el instructor debe impartir es que el cultivo de la autonomía es bastante ventajoso y posee su propio conjunto de beneficios. Según Giovannini (2000), instruir a los alumnos sobre cómo cultivar su propia autonomía ayudaría al alumno a tomar conciencia de sus propios recursos y métodos, que suelen estar latentes o incluso obstruidos por los acontecimientos, a veces desfavorables, que se producen durante el periodo escolar. Además, según este autor, el alumno no es una pizarra en blanco porque aporta una gran experiencia y bagaje personal al aula. Como resultado, el alumno es capaz de demostrar qué puntos fuertes o débiles posee en términos de aprendizaje. Por otra parte, es muy evidente lo perjudicial que resulta coaccionar a alguien para que adopte posturas que no le gusta mantener.

Según Giovannini (2000), un alumno eficaz es comparable a un director de su propio proceso o programa de aprendizaje. Además, el alumno eficaz está en condiciones de tomar una serie de decisiones necesarias para la planificación y ejecución de este programa, como las siguientes:

— Identifica y elige los objetivos de aprendizaje que necesita;
— Elige contenidos que son a la vez didácticos y lingüísticos para alcanzar los objetivos previstos;
— Toma decisiones sobre los materiales y métodos adecuados para su enfoque educativo;
— Realiza un análisis introspectivo de los métodos empleados y los resultados obtenidos.

Una serie de estudios sobre las preferencias en cuanto al modo de aprendizaje, el más notable de los cuales fue realizado por Nunan (1991), han llegado a la conclusión de que las siguientes son las características de los alumnos eficaces que son capaces de:

— Encontrar su propia manera de estudiar;
— Sabe organizar la información que han recibido sobre la lengua;
— Utiliza su imaginación y pone en práctica lo aprendido en otros contextos;
— Busca oportunidades para utilizar la lengua tanto dentro como fuera del aula;
— Aplica tácticas que le permiten alcanzar un cierto nivel de comprensión de la lengua, aunque no comprenda todos los términos;
— Utiliza dispositivos mnemotécnicos, como el ritmo p la asociación de palabras;
— Examina los errores que comete para evitar volver a cometer los mismos;
— Utiliza las capacidades lingüísticas que ya poseen (su lengua materna, así como otras lenguas con las que estén familiarizados) para adquirir la nueva lengua;
— Puede mejorar su comprensión de los mensajes orales haciendo uso del contexto, que incluye su conocimiento del mundo y factores extralingüísticos.
— La asunción y la imaginación son dos habilidades que deben utilizarse durante el aprendizaje;
— Debe estar familiarizado con los procedimientos de la producción oral, como pedir a alguien que repita lo que ha declarado sobre sí mismo;
— Según el nivel de formalidad que requiera una circunstancia, deberá estar familiarizado con una variedad de situaciones.

Como afirma Giovannini (2000), la consecución de la capacitación del alumno puede lograrse aplicando el principio metodológico de la diferenciación en el proceso de enseñanza y aprendizaje. A la luz de esto, la clave de la enseñanza de una lengua extranjera debería ser proporcionar una variedad de métodos de instrucción para que el alumno pueda descubrir su propio método de aprendizaje que le resulte más eficaz. Desde este punto de vista, la autonomía hace posible que la enseñanza y el aprendizaje respondan a la heterogeneidad de los grupos de alumnos, que incluye necesidades e intereses distintos, motivaciones y capacidades diversas para aprender, una variedad de estilos, formas y ritmos de aprendizaje, así como diferentes antecedentes y conocimientos previos de cada alumno.

Como resultado de la importancia de la autonomía en el proceso de aprendizaje, este autor afirma que somos capaces de recordar el 20% por ciento de lo que oímos, el 30% por ciento de lo que vemos, el 50% por ciento de lo que oímos y vemos, el 60% por ciento de lo que explicamos a otras personas y el 90% por ciento de lo que experimentamos y hacemos nosotros mismos. Por ello, el compromiso del alumno es de suma importancia; si participamos activamente en el proceso, somos capaces de aprender más rápidamente, y llega a la conclusión de que es más sencillo participar realmente que limitarse a recibir conocimientos de forma pasiva.

El proceso de autoevaluación sirve como eje principal de la práctica independiente de la autonomía. Es la fuerza motriz, no el fin del proceso, porque el alumno tendrá que emitir juicios sobre lo que deberá modificar en su forma de aprender basándose en ella. En consecuencia, debe presentarse al principio del curso para que cada alumno pueda evaluar sus necesidades, intereses y expectativas personales en función de los hábitos de aprendizaje que haya desarrollado en estudios anteriores.

Giovannini (2000) y Arnold y Foncubierta (2019) descubrieron que el aumento de la competencia comunicativa, así como la eficacia del estudio, están relacionados con el aumento de la conciencia lingüística y el aprender a aprender, lo que en última instancia da lugar a la denominada competencia de aprendizaje.

La ansiedad

Una emoción dolorosa o un estado emocional negativo es lo que denominamos ansiedad. Por ello, la ansiedad puede poner en peligro tanto nuestra salud como nuestra capacidad de aprendizaje. Goleman (1997) afirma que tenemos más probabilidades de enfermar cuando experimentamos emociones dolorosas, mientras que los estados de ánimo positivos tienen más probabilidades de promover la salud. Según Arnold y Brown (2000), las conclusiones de la investigación de Goleman están respaldadas por sus propios hallazgos. Sostienen que la presencia de emociones excesivamente negativas, como la ansiedad, el miedo, la tensión, la ira o la desesperación, pone en peligro nuestra capacidad óptima de aprendizaje, así como nuestro funcionamiento psicológico y social.

Una nueva visión de lo que las escuelas pueden hacer para educar a todo el alumnado, uniendo mente y corazón en el aula, es propuesta por Goleman (1995) como solución a la corrupción de la bondad de nuestras vidas comunitarias debido al egoísmo, la violencia y la mezquindad. Goleman también demuestra cómo muchos programas educativos ya están abordando con éxito la cuestión de la mente emocional. Entonces, ¿cuál es la solución? Además de enseñar idiomas, tenemos la oportunidad de educar a nuestros alumnos sobre cómo llevar una vida más satisfactoria y cómo ser miembros responsables de la sociedad. Por otra parte, al aumentar diversos componentes emocionales positivos como la autoestima, la empatía o la motivación, se acelera sustancialmente el proceso de adquisición de la lengua.

Oxford (2000) destaca la ansiedad como un componente que repercute negativamente tanto en la capacidad para aprender una lengua como para desenvolverse bien en situaciones sociales. La ansiedad en el aula de idiomas se define como el miedo o la inquietud que surge cuando se exige a un alumno que lleve a cabo una acción en la segunda lengua extranjera, tal y como afirman Gardner y MacIntyre (1993).

Los profesores de lenguas extranjeras pasan por el mismo proceso de frenado afectivo y cognitivo cuando se enfrentan al reto de impartir sus cursos en la lengua extranjera, a pesar de que los procesos psicológicos que se producen en los dos grupos de alumnos son distintos entre sí. Como han demostrado los estudios realizados con estudiantes de francés (Desrochers y Gardner, 1981), la ansiedad es un estado temporal que tiene tendencia a disminuir con el tiempo. Sin embargo, si la ansiedad se ha convertido en un rasgo permanente, puede tener un amplio impacto no sólo en el proceso de enseñanza y aprendizaje, sino también en el desempeño de las tareas docentes. A pesar de que la mayoría de las investigaciones lingüísticas demuestran una asociación negativa entre la ansiedad y el rendimiento, hay académicos que afirman que existe un tipo de ansiedad que es beneficiosa. La ansiedad es una condición incapacitante, ya que obstaculiza el rendimiento del alumno de muy diversas maneras. Según Bordenave y Pereira (2004), varios estudios en el campo de la psicología sugieren que un cierto nivel de ansiedad facilita el aprendizaje directo. En cambio, cuando alcanza cierto grado, dificulta el aprendizaje. Los resultados de un estudio exhaustivo demuestran que el uso de estrategias de reducción del estrés ante los exámenes tiene un buen impacto en los alumnos preocupados.

Según Carrier *et al.* (2022), el nivel de ansiedad también se ve influido por el tipo de personalidad, así como por el sexo del individuo. Según las conclusiones de su estudio, a las mujeres les afectaba más negativamente la exposición prolongada a niveles más altos de estrés que a los hombres. En comparación con los alumnos más introvertidos, los más extrovertidos se veían más influidos por el estrés.

Según Oxford (2000), así como las investigaciones realizadas por Aida (1994), Horwitz y Cope (1986), Ganschow *et al.* (1994) y Gardner y MacIntyre (1992, 1993), existe una relación negativa entre la ansiedad y los siguientes aspectos:

— Los requisitos para la certificación en clases de idiomas;
— capacidad para obtener buenos resultados en las pruebas de dominio;
— su rendimiento en los ejercicios orales y escritos;
— la capacidad de estudiar una lengua con seguridad en sí mismo;
— La autoestima o autovaloración es un concepto.

Scovel (1987) afirma que la ansiedad es beneficiosa o constructiva cuando sirve para motivarnos a permanecer alerta. Oxford (2000) afirma que la ansiedad útil está asociada a altos niveles de autoconfianza y a un buen dominio del idioma entre un pequeño grupo de excelentes estudiantes de idiomas; a la producción oral de estructuras difíciles en inglés entre hablantes nativos de árabe y español; a buenas notas en las clases de idiomas para estudiantes de francés, alemán y español en clases académicas (con métodos más tradicionales), pero no para estudiantes en clases audiolinguales. Estos hallazgos son similares a los encontrados en el estudio anterior.

La ansiedad, según Horwitz (1990), sólo es eficaz para actividades de aprendizaje extremadamente elementales; no es útil para aprendizajes más difíciles, como aprender un idioma.

Varios especialistas en el aprendizaje de idiomas, entre ellos Rardin, Omaggio, Hadley, Terrel y Krashen, fueron interrogados por Young (1992) acerca de sus perspectivas sobre la utilidad de la ansiedad en el proceso de adquisición de idiomas. Según la respuesta de Rardin, existe un lado beneficioso de la ansiedad que siempre está presente, pero sólo tomamos conciencia de él cuando se produce un desequilibrio en nuestras vidas. A pesar de que Omaggio Hadley afirmó que un cierto grado de tensión puede ser beneficioso para el aprendizaje de idiomas, no quiso referirse a esta sensación de tensión como ansiedad. Krashen afirmaba que no hay ningún elemento útil en la ansiedad con respecto a la adquisición de lenguas, que siempre exige por definición que la ansiedad sea nula. Sin embargo, Krashen sí reconoció que puede existir ansiedad útil para las tareas en circunstancias académicas bajo un paradigma de aprendizaje de idiomas más tradicional.

En opinión de Oxford (2000), la ansiedad lingüística está asociada a una amplia gama de factores, que van desde los extremadamente personales (como la autoestima) hasta los procedimentales (como las actividades y actuaciones en clase).

La autoestima

La autoestima, tal y como la definen Arnold y Brown (2000), es una evaluación de nuestra propia valía o valor que se fundamenta en la percepción que tenemos de nuestra capacidad para alcanzar nuestros objetivos cuando tenemos la impresión de que somos capaces de interactuar con éxito con nuestro entorno. Según Coopersmith (1967), en uno de los estudios clásicos de la autoestima a nivel mundial, la autoestima es el juicio que una persona hace de sí misma y cómo esa idea se sostiene en el tiempo y las circunstancias. Es la expresión de una actitud de aceptación o no aceptación y representa el grado en que un individuo cree que es capaz, significativo, exitoso y que vale la pena. Añade a su línea de razonamiento que los principales factores que determinan la autoestima de una persona son las experiencias positivas o negativas que tiene en su entorno, la forma en que le perciben las personas significativas y la forma en que se considera a sí mismo.

Tener un sentido saludable de la autoestima es esencial para tener buenas actividades cognitivas y afectivas. Ehrman (2000) y Ehrman et al. (2003) hacen la observación de que la autoestima se deriva inicialmente de la aprobación y la confianza de personas significativas, pero que finalmente se sintetiza de tal manera que puede mantenerse con relativa independencia de las circunstancias del mundo exterior.

Canfield y Wills (1994) destacan la importancia del papel del profesor en la promoción de la autoestima de los alumnos y en la creación de un entorno emocional y académicamente confortable para los alumnos.

Las investigaciones realizadas por Walz y Bleuer (1992) y Arnold y Brown (2000) aportan pruebas concluyentes de que un ambiente que fomente la autoestima favorece el desarrollo de los componentes cognitivos del aprendizaje.

Cuando Canfield y Wells (1994) esbozan su teoría del aprendizaje de la ficha de póquer, afirman que el alumno que ha obtenido muy buenos resultados en el pasado es probable que se arriesgue a tener éxito de nuevo; si no lo consigue, su autoestima puede permitirle seguir adelante independientemente del resultado. Un alumno que tenga antecedentes de haber fracasado principalmente en algo dudará en volver a arriesgarse porque teme fracasar de nuevo. Es físicamente imposible que él o ella lo permita. Una de las recomendaciones más evidentes que pueden hacerse en este escenario es hacer que los pasos de aprendizaje sean lo suficientemente pequeños como para que el alumno sólo arriesgue una ficha cada vez, en lugar de cinco fichas en total. Pero lo que está aún más claro, en nuestra opinión, es el requisito de aumentar la cantidad de fichas de póquer para que empiece a tener un exceso de fichas que arriesgar.

Gudykunst y Ting-Toomey (1988) afirman que parece ser cierto que para comprender cualquier comportamiento que tenga lugar dentro del grupo, es necesario incorporar tanto los aspectos cognitivos como los afectivos.

Según Price (1991), los estudiantes de idiomas que no tienen éxito suelen tener un nivel de autoestima más bajo que los que sí lo tienen. La autoestima de un individuo es susceptible de sufrir daños cuando el aprendiz se considera muy hábil en su lengua materna pero completamente incapaz o limitado en su capacidad para comunicarse en la lengua meta. Ya Horwitz *et al.* (1986) consideran que el aprendizaje de una lengua puede ser una amenaza para la autoestima, ya que priva a los alumnos de sus medios habituales de comunicación, de su libertad para cometer errores y de su capacidad para comportarse de una manera propia de los individuos.

Oxford (2000) sostiene que fomentar en los alumnos un sentimiento de autoestima y confianza en sí mismos puede ser un medio eficaz para aliviar la ansiedad, sobre todo en los casos en que se ha convertido en una característica persistente, y por tanto, puede crear oportunidades para que los alumnos obtengan buenos resultados en las clases de lenguas.

La investigación llevada a cabo por De Andrés (2000) indica que los niños que luchan con una autoestima deficiente ven muy obstaculizada su capacidad para desarrollar todo su potencial en términos de aprendizaje. Además, afirma que la fuerte conexión que existe entre la autoestima y las relaciones sociales puede observarse en las condiciones de la vida cotidiana.

Según Reasoner (1992), es esencial reconocer la singularidad de cada alumno y proteger sus derechos y sentimientos para desarrollar los cinco componentes clave de la autoestima. Estos componentes son los sentimientos de seguridad, identidad, afiliación, propósito y competencia personal. El autoconocimiento (también conocido como inteligencia emocional), la comprensión de otras personas (también conocida como inteligencia interpersonal) y la comunicación eficaz (incluyendo cómo escuchar mientras otros hablan) son algunos de los procesos que se recomiendan para trabajar la autoestima de los niños, según De Andrés (2000).

Las habilidades lingüísticas también son algo que debe tenerse en cuenta. A continuación, se presenta un ejemplo de cómo se podrían enseñar ideas como la singularidad, el crecimiento, el cambio, los sentimientos, los talentos y las habilidades, la cooperación, la amistad y la comunicación combinando los siguientes elementos:

— El proceso de lluvia de ideas;
— puertas giratorias de emociones;
— hojas para actividades;
— una tarea laboriosa;
— tanto la lectura como la escritura;
— melodías.

La literatura no sólo ayudaría a la autora a reforzar su vocabulario y ampliar sus conocimientos lingüísticos, sino que también le ayudaría a crear un mayor sentimiento de autoaceptación y autocomprensión. Esto se debe a que las dificultades de las que se habla en estas historias están directamente relacionadas con los propios retos de la autora.

A la luz del hecho de que centrarse en el tema de la autoestima puede hacer que los alumnos se vuelvan egocéntricos o narcisistas, se pregunta si es o no apropiado hacerlo. También sostiene que la formación de un sentimiento de felicidad y bienestar tendría consecuencias que sólo durarían un breve periodo de tiempo, y que lo ideal sería potenciar las fuentes internas de su autoestima, que se construirían de forma eficaz. A lo largo de su carrera como investigadora, la autora ha adquirido conocimientos a partir de una gran variedad de instancias. Le ha llamado la atención lo vital que es mantener conversaciones sobre las ideas de desarrollo, transformación, individualidad y amistad. Ha descubierto que es importante comprometerse con las necesidades y los sentimientos de los niños desde un punto de vista social y lingüístico, y que todas las aulas podrían construirse con amor, respeto y apoyo mutuo (De Andrés, 2000).

Sobre la autoestima, hay algunas ideas que deben desarrollarse, como el hecho de que la autoestima no es algo que pueda enseñarse, sino que es algo que debe aprenderse. Arnold (2000) cree que los profesores no sólo deben ayudar a sus alumnos a desarrollar niveles más altos de autoestima, sino que también deben centrarse en mejorar sus propios niveles de autoestima, ya que es algo que también se transmite a los alumnos. Los profesores tenemos la responsabilidad de preocuparnos por el cociente emocional de nuestros alumnos, pero también debemos preocuparnos por nuestro propio cociente emocional. Es posible que ésta sea la llave que abre o cierra la puerta al aprendizaje de una lengua. Los alumnos son capaces de percibir la estructura emocional de su instructor mucho antes de poder experimentar la influencia de la información intercultural que se les está enseñando, según Pine y Boy (1997).

En el curso de su discusión sobre el espacio de interacción, Arnold y Foncubierta (2019) nos informan que un enfoque fundamental para trabajar la dimensión emocional de los alumnos es ofrecerles actividades que estimulen su sentido de la autoestima. La sugestopedia y otros enfoques humanísticos sirven de base para un número significativo de estas actividades.

Según Moskowitz (2000), el número relativamente elevado de comentarios críticos que oímos sobre nosotros mismos y también sobre otras personas puede tener un impacto negativo en nuestra autoestima, lo que a su vez puede interferir en nuestra capacidad para aprender, alcanzar el éxito y afrontar dificultades importantes relacionadas con la vida en general. Cuando tenemos malos sentimientos sobre nosotros mismos, esto puede llevarnos a tener los mismos sentimientos sobre otras personas con las que interactuamos.

En consecuencia, los educadores deben desprenderse de las perspectivas pesimistas y sin sentido hacia sus alumnos y hacia sí mismos, y centrarse en cambio en escoger cosas que inspiren, cautiven y contribuyan al desarrollo de sus respectivos alumnos. Aumentar la autoestima es el objetivo de los ejercicios humanísticos, según el autor. Estas actividades están diseñadas para que los alumnos sean conscientes de sus propias cualidades, sentimientos y valores, así como de la importancia de mantener una actitud positiva ante la vida. Los alumnos tienen más probabilidades de alcanzar el éxito si se sienten a gusto consigo mismos y con los demás. Además, se concluye que uno puede adquirir conocimientos sobre sí mismo a partir de otras personas.

Por ello, los niños son capaces de desarrollar una actitud más positiva hacia sí mismos y hacia los demás cuando son capaces de conocerse y comprenderse a sí mismos, así como cuando experimentan sentimientos de aprecio. A la luz de esto, Moskowitz (2000) afirma que somos capaces de apreciar verdaderamente a otras personas cuando tenemos la oportunidad de conocerlas de verdad. El aumento de la autoestima es el resultado de ello.

Los alumnos que tienen una autoestima baja puede ser bien un rasgo (un atributo personal inherente) o una situación (relacionada con una circunstancia concreta), como afirman Arnold y Brown (2000). La investigación realizada por Scarcella y Oxford (1992) sugiere que un individuo puede tener una percepción positiva de sí mismo a nivel global o general, pero al mismo tiempo, puede sufrir una baja autoestima en una circunstancia o contexto específico.

LA INTELIGENCIA ESPIRITUAL Y EL BIENESTAR

Es de común conocimiento que los seres humanos tienen habilidades cognitivas y emocionales. Como resultado, el cerebro humano está dividido en dos hemisferios: el hemisferio derecho está relacionado con el pensamiento y el hemisferio izquierdo está relacionado con las emociones. Goleman (1997) introdujo su teoría de la inteligencia emocional a finales del siglo pasado para reforzar esta comprensión científica. Según Torralba (2010), esta idea ha estado presente en la filosofía occidental desde René Descartes.

Los científicos, satisfechos y convencidos por los hallazgos de Gardner sobre las inteligencias múltiples y las investigaciones de Goleman sobre la inteligencia emocional, discuten actualmente la existencia de la inteligencia espiritual, una nueva forma de inteligencia que va más allá de los aspectos racionales y emocionales y se centra en la esencia más profunda del ser humano (Guijarro y Marins, 2016). Según Gardner (1999), es posible alcanzar un estado de espiritualidad a través de un camino convencional, como seguir un régimen prescrito de ejercicios sugeridos por un sacerdote, un místico o un gurú en particular. No obstante, las personas también pueden alcanzar ese estado elevado mediante el consumo de ciertas sustancias (como las drogas alucinógenas) o encuentros sensoriales (como escuchar música o caminar por las montañas).

Howard Gardner (1999) sugiere que se elimine el término espiritual porque podría causar confusión con múltiples significados. En su lugar, recomienda usar un término que englobe todas las formas de existencia. Gardner distingue las preocupaciones religiosas o espirituales de otras partes de la inteligencia existencial. Entonces, reconoce la posibilidad de este tipo de inteligencia, pero prefiere llamarlo inteligencia existencial. No obstante, no la incluye en su categoría de inteligencias múltiples.

Sin embargo, es innegable que la inteligencia intrapersonal y la inteligencia interpersonal están fuertemente conectadas. Según Torralba (2010), esta inteligencia se compone de la inteligencia intrapersonal e interpersonal, con una mayor atención a los valores personales. Además, afirma que los factores culturales tienen un gran impacto en la percepción de lo que es moral o espiritual. Según Gardner (1995), la inteligencia espiritual es la capacidad de posicionarse en relación con el universo, así como con aspectos existenciales de la condición humana, como el propósito de la vida, el significado de la muerte y el destino último del mundo físico y psicológico, a través de encuentros profundos, como el amor por otro individuo o el compromiso profundo con una obra de arte.

Desde finales del siglo XX, numerosos autores han investigado el tema debido a las controversias sobre la clasificación de la espiritualidad como una forma de inteligencia. Autores notables como Zohar y Marshall (2000), Emmons (2000a, 2000b), Noble (2000/2001), Buzán (2001), Bhagwan (2002), Dick (2007), Singh (2008) y Torralba (2010) han abordado el estudio de la inteligencia espiritual desde una variedad de puntos de vista. En su obra, Torralba incluye un capítulo introductorio en el que define la inteligencia espiritual, además de revisar la bibliografía de los estudios realizados por los autores mencionados que han establecido el concepto.

Según Zohar y Marshall (2000), la inteligencia espiritual, junto con la emocional y la lógico-racional, juega un papel adicional al permitir a las personas establecer valores y afrontar y superar el sufrimiento y el dolor. Nos da la capacidad de identificar el propósito y el significado de lo que hacemos. Los autores afirman que las personas con inteligencia espiritual son más receptivas a la diversidad, tienen una fuerte inclinación a cuestionar las razones subyacentes y los propósitos de los fenómenos, buscan activamente respuestas fundamentales y son capaces de afrontar con valentía los retos de la vida.

Según Emmons (2000), es la capacidad de comprender la trascendencia humana, la comprensión de lo sagrado y el comportamiento virtuoso. En términos más sencillos, la inteligencia espiritual implica utilizar la información espiritual para mejorar nuestra vida cotidiana, resolver problemas y lograr nuestros objetivos. Para lograr nuestros objetivos, esta inteligencia busca ir más allá del mundo físico convencional.

Según Buzán (2001), desarrollar este tipo de inteligencia nos ayuda a desarrollar relaciones más profundas con los demás, crear un sentimiento de unidad y mejorar nuestro rendimiento.

Noble (2000) dice que es una habilidad que tiene todo el mundo, pero enfatiza que debe cultivarse y practicarse para que se desarrolle plenamente y alcance su máximo potencial.

Vaughan (2002) afirma que la inteligencia espiritual se refiere a los pensamientos y sentimientos internos de una persona y a la forma en que se relaciona con el mundo exterior y consigo mismo. Este concepto requiere una comprensión profunda de los problemas existenciales a través de diferentes niveles de conciencia. Va más allá de las capacidades mentales porque conecta lo personal con lo transpersonal y el yo con el espíritu. Dado que puede percibir intuitivamente los elementos subyacentes que unen todas las cosas, trascendiendo las diferencias individuales, una persona con inteligencia espiritual tiene una notable capacidad para conectarse con todo lo que existe.

La realización de esta actividad mejora nuestras habilidades en cuatro áreas diferentes, según King (2007). Nos permite pensar de manera existencial y crítica, permitiéndonos analizar críticamente los aspectos fundamentales de la existencia, la realidad, el universo, el espacio y el tiempo. Dado que su pensamiento se centra en perspectivas existenciales y críticas, este tipo de inteligencia se asocia con frecuencia con los filósofos.

Pensar y comprender los fenómenos, así como utilizar la sabiduría para guiar la vida cotidiana, son capacidades naturales, según Singh (2008). Estas habilidades son esenciales para crear experiencias religiosas e interpretar los mensajes simbólicos de las tradiciones religiosas.

Torralba (2010) afirma que es crucial diferenciar la inteligencia espiritual de la conciencia religiosa. Según él, la inteligencia espiritual es un requisito previo para experimentar la conciencia religiosa, por lo que aquellos con inteligencia espiritual pueden participar en experiencias religiosas. Además, se ha desarrollado una espiritualidad secular en los últimos diez años, que no está relacionada con ninguna tradición religiosa particular.

Es de conocimiento general que el concepto espiritual se ha posicionado históricamente en contraposición al concepto carnal debido a su perspectiva dual sobre el ser humano. De acuerdo con Torralba (2010), se pensaba que la vida espiritual era una forma de escapar del mundo, alejarse de lo terrenal, lo corporal y las sensaciones e impresiones, mientras que la vida material estaba relacionada con lo animal, lo

físico y lo mundano. Torralba sugiere que la vida espiritual debe integrarse íntimamente en la vida corporal y no oponerse a ella, y que el desarrollo de la inteligencia
espiritual implica, por ejemplo, la práctica del diálogo, el ejercicio físico y el disfrute
de la música. En otras palabras, como ser espiritual, el ser humano trasciende la
dimensión carnal y física, lo que resulta en una forma diferente y virtuosa de vivir
en consonancia con uno mismo, con el entorno en el que vive y con el universo que
abarca toda la vida humana.

Según Torralba (2010), una persona espiritualmente inteligente no es superficial,
sino que busca profundizar en varios niveles y elementos, como lo desconocido y
lo invisible a los ojos. Además, afirma que la vida espiritual no es exclusiva de las
personas religiosas, ya que también puede prosperar fuera de las ramificaciones religiosas. Sin embargo, enfatiza que, para alcanzar su máximo potencial, son necesarias
condiciones ideales para su desarrollo creativo. Además, sostiene que esta dimensión
es inherente a todos los seres humanos y no puede ignorarse.

Torralba (2010) afirma que las necesidades espirituales de las personas tienen
un impacto significativo en la totalidad del ser humano y van más allá de los niveles
mental y emocional. En situaciones críticas como una enfermedad terminal, el fracaso, el dolor, el deterioro o la proximidad de la muerte, estas necesidades se hacen
evidentes. Las siguientes son algunas de las necesidades espirituales reconocidas: la
necesidad de encontrar un sentido íntimamente relacionada con el bienestar (Seligman, 2011; Ryff, 1989), la necesidad de reconciliación y aceptación de la propia vida,
la necesidad de orden, la necesidad de verdad, la necesidad de libertad, la necesidad de
conectarse con sus raíces, la necesidad de oración, la necesidad de rituales simbólicos
y la necesidad de soledad y silencio. Además, afirma que, debido a las creencias y
prácticas materialistas, existen obstáculos para identificar el aspecto espiritual de las
personas, a pesar de los progresos recientes.

El ser humano tiene la capacidad de contemplar el significado de los fenómenos,
el propósito de su propia vida y la razón de ser de su presencia en el mundo porque
tiene una inteligencia espiritual exclusiva. Como resultado, se inicia un proceso de
introspección, planteándose preguntas como:

— ¿Quién soy?
— ¿Cuál será mi futuro?
— ¿De dónde soy originario?
— ¿Cuál es el propósito de la vida y cuáles son los objetivos que la hacen valiosa?
— ¿Cuál es el objetivo de todo esto?
— ¿Qué quiero hacer en este mundo?
— ¿Cuál es el objetivo de todo esto?
— ¿Qué significa mi existencia?
— ¿Es verdad que Dios existe? Si es así, ¿dónde se encuentra?

Otras inteligencias no pueden responder a este tipo de preguntas, y la ciencia aún
no ha encontrado una respuesta. Sin embargo, los humanos han intentado abordar

estas preguntas en función de sus creencias, contextos y circunstancias. Además, la espiritualidad innata de las personas les da un deseo innato de encontrar un propósito a su existencia y una razón para vivir. Como resultado, muchos individuos buscan respuestas a estas preguntas recurriendo a una religión espiritualmente enriquecedora.

El nacimiento de la inteligencia espiritual

¿Cuál es la sociedad en la que vivimos, marcada por un mayor individualismo y materialismo como resultado de la industrialización? ¿Cuál es la forma en que debemos abordar las calamidades devastadoras que afectan a la humanidad? Estas son las preguntas en las que las entidades espiritualmente iluminadas tienen un impacto.

Las catástrofes naturales como los terremotos, las avalanchas y las inundaciones tienen un lado positivo, según Buzán (2003). Al fomentar la empatía y el espíritu de comunidad, fomentan la conciencia espiritual colectiva. El autor sostiene que en sociedades prósperas, cada vez más personas se están cansando de la superficialidad de sus estilos de vida impulsados por el consumo y buscan nuevos principios para guiar sus vidas. Estos principios fomentan un sentido renovado de satisfacción y responsabilidad comunitaria en un mundo cada vez más vulnerable.

Para alcanzar la felicidad y la plenitud completas, la humanidad busca principalmente un conjunto de principios rectores. La solución radica en alcanzar la conciencia cósmica, que implica reconocer que somos seres interconectados que existimos dentro de un mundo que se enfrenta a desafíos para sostener y garantizar un alto nivel de vida a sus habitantes. Como resultado, somos responsables de estos individuos.

Según Buzán (2003), en busca de una mejor calidad de vida, cada vez más personas se mudan a las zonas rurales. El impulso detrás de esta migración es el deseo de encontrar la realización personal, volver a conectarse con la naturaleza y redescubrir su espiritualidad, que se cree que se ha perdido en las sociedades modernas centradas en el progreso. Además, se ha observado un notable aumento en la construcción de museos, salas de conciertos y galerías de arte en todos los países. Y, lo que es más importante, los visitantes de estas instituciones culturales no se limitan a músicos, actores, bailarines o escritores. Para Buzán (2003), este fenómeno representa una nueva época de ilustración cultural que se asemeja al Renacimiento.

Según una encuesta realizada por John Naisbitt, autor de *Megatendencias 2000*, se produjo un cambio significativo en el que más personas se trasladaban de las áreas urbanas a las suburbanas, de los suburbios a las ciudades y de las ciudades a las áreas rurales, en lugar de al revés. La principal motivación detrás de esta tendencia fue el anhelo de una mejor calidad de vida que mejorara su bienestar en lugar de empeorarlo.

Con todo esto, Buzán (2003) afirma que el desarrollo de la inteligencia espiritual está vinculado a:

— La obtención de una perspectiva global que fomente la integración global.
— Utilizar los valores y principios que se han elegido para guiar el comportamiento.

— Nuestra percepción de la existencia y el propósito de nuestra vida.
— La acción de mostrar compasión y solidaridad, así como la forma en que debemos comprendernos a nosotros mismos y a los demás.
— Desarrollar la bondad, la caridad y el agradecimiento como factores que fomentan la inteligencia espiritual.
— La importancia de desarrollar la risa y el humor como cualidades fundamentales del crecimiento humano.
— La inteligencia espiritual y sus beneficios, como una reducción del estrés y una vida más satisfactoria y feliz.
— Se ha demostrado que exhibir atributos que se encuentran comúnmente en los niños, como la inocencia, la alegría, la felicidad, la espontaneidad, la excitación y el sentido de la aventura, está asociado con poseer un mayor nivel de inteligencia espiritual.
— El ritual y sus beneficios, incluida la promoción del equilibrio espiritual y emocional, la reducción de los niveles de estrés, el desarrollo de la resiliencia, la fortaleza, la fuerza y el fortalecimiento de la confianza en uno mismo.
— Fomentar la calma y eliminar las «frecuencias adversas» como la tensión, el nerviosismo, el desorden cognitivo, la ansiedad, los trastornos psicológicos y la angustia, es una técnica para lograr la tranquilidad.
— El poder del amor como cura contra el miedo y para aliviar el dolor, la angustia y la desesperanza.

La esencia de la inteligencia espiritual

A continuación, discutiremos una serie de cualidades o habilidades relacionadas con la inteligencia espiritual. Se trata de métodos que utilizan las personas para encontrar un propósito en sus vidas, abordar problemas existenciales o llenar vacíos interiores. Representan la búsqueda de un paradigma del «buen vivir» o de cómo vivir una vida mejor y más feliz, que solo pueden alcanzar aquellos dispuestos a cultivar la inteligencia espiritual.

De acuerdo con Torralba (2010), estas características incluyen la búsqueda de significado, la capacidad de liberarse de uno mismo, el significado de los rituales, la capacidad de asombro, la capacidad de superarse, la autoconciencia, la capacidad de apreciar el placer estético, el sentido del misterio, la búsqueda de sabiduría, el simbolismo, la llamada interior, los ideales vitales, la ironía y el humor.

Frankl (citado en Torralba, 2010) afirma que existen tres formas diferentes de encontrar el propósito de la vida:
1. Crear o producir algo.
2. Tener una reunión o sentir afecto por alguien.
3. Mantener una actitud de resolución adecuada al enfrentarse a un destino inevitable y letal.

Es fundamental enseñar la importancia de la inteligencia espiritual en la educación, ya que es la base de la educación y debe desarrollarse junto con otras formas de inteligencia. El autor también afirma que el desarrollo de múltiples dimensiones de la inteligencia debería ser promovido por una educación adecuada. La inteligencia espiritual se refiere a la capacidad de una persona para separarse de la realidad externa y de su propio yo sin dejar de estar conectado con el mundo.

Como afirma Torralba (2010), al utilizar el poder espiritual, las personas pueden liberarse no solo de su cuerpo físico, lugar de vida, familia y lugar de trabajo, sino también de sus propios pensamientos, creencias, valores y convicciones. Los individuos pueden reevaluar, cuestionar, criticar y, si es necesario, descartar estos aspectos gracias a esta capacidad de ganar perspectiva. Además, las personas espiritualmente inteligentes pueden superar sus limitaciones y aventurarse en lo desconocido para encontrar lo que les falta. Esta inclinación no se limita a las personas religiosas; se aplica a todos aquellos que no están satisfechos con sus conocimientos o con las circunstancias que han creado.

Según Buzán (2003), los rituales y la disciplina son esenciales para desarrollar la inteligencia espiritual. Según él, los rituales nos ayudan a conectarnos con nuestro yo más profundo y con los demás. Además, los rituales de transición (como graduaciones, bodas, funerales, cumpleaños y aniversarios) se distinguen por brindar un sentimiento de afiliación, identidad colectiva y pertenencia a una comunidad más amplia.

Pensadores como Sócrates y Confucio enfatizaron que el objetivo principal de la educación es lograr el conocimiento personal. El autoconocimiento ayuda a las personas a desarrollar otras habilidades cognitivas, perseguir sus metas y luchar por una vida profundamente satisfactoria.

Para Torralba (2010), la única especie capaz de crear y vivir de acuerdo con una jerarquía de valores, denominada pirámide axiológica, es el ser humano. Además, sostiene que los valores sirven como puntos de referencia que las personas pueden ver como un objetivo lejano.

En adición a las necesidades materiales y la información precisa, los humanos están motivados por valores religiosos, éticos y estéticos. Una característica de la inteligencia espiritual es la capacidad de apreciar la belleza y reconocer lo sublime en las cosas. El placer estético aumenta la vitalidad del cuerpo, mientras que la experiencia de la fealdad provoca emociones negativas como el asco o la repugnancia (Torralba, 2010).

La inteligencia espiritual incluye un profundo sentido de conexión con la totalidad de la existencia, un profundo sentido de unidad con todos los semejantes y una visión del mundo que se opone al egoísmo, el sectarismo y la discriminación. Torralba (2010) cuestiona la cultura de la competencia predominante en los campos laboral, educativo y académico. Considera el éxito como la eliminación del miedo al fracaso y promueve un ambiente de camaradería y trabajo en equipo. Todas estas consideraciones son recursos del capital sociopsicológico de gran relevancia para la consecución de un equilibrio de bienestar.

El humor también tiene un impacto positivo en la inteligencia social, física y espiritual, así como en el bienestar emocional. La ironía representa una forma de desapego y trascendencia, ya que implica la capacidad de desprenderse del mundo y encontrar diversión en uno mismo y en el mundo. Para Buzán (2003), el humor, al igual que la emoción, el arte y la música, ha sido frecuentemente considerado injustamente como un atributo mental «débil». En realidad, se cree que es uno de los factores más importantes. Shakespeare admitió que el humor es una expresión de una gran inteligencia. Además, afirma que las investigaciones psicológicas han demostrado que la risa aumenta la producción de analgésicos endógenos y mejora el sistema inmunológico. Según Torralba, solo aquellos que tienen la habilidad de observar el mundo desde la distancia pueden mantener una cierta distancia del mundo, lo que les permite reconocer sus vulnerabilidades y sufrimientos. Además, el autor sostiene que el humor no puede existir sin la seriedad porque sirven como contraste. Sostiene que la habilidad de usar la ironía requiere sabiduría porque se necesita la capacidad de relativizar todo lo que rodea a uno, incluido uno mismo.

Torralba (2010) sugiere un conjunto de estrategias o actividades para mejorar esta inteligencia emergente. Entre ellas se encuentran: dedicarse con frecuencia a la soledad, valorar el silencio, la contemplación, la reflexión filosófica, el diálogo socrático, el ejercicio físico, aceptar la ociosidad, sentirse vulnerable, encontrar placer en la música, practicar la meditación y participar en acciones de solidaridad.

Torralba (2010) apunta que la soledad puede ser utilizada con éxito en la educación. Así, las instituciones educativas deben enseñar a los jóvenes a valorar plenamente la soledad porque es un catalizador del crecimiento espiritual. Cuando están solos, los seres humanos tienden a evitar sentirse vacíos y buscan la presencia de otros, aunque sean influencias negativas, para estimularse. Enfatiza que no se debe considerar la soledad como una forma de escapar de la realidad.

Torralba (2010) describe la contemplación como un movimiento que implica dejarse llevar y permitir que los estímulos externos fluyan sin la intención de reclamar su propiedad o poseerlos, lo cual es exclusivo de los humanos. Dedicarse a la filosofía no solo aumenta la inteligencia espiritual, sino que también abarca la inteligencia intrapersonal y lógico-matemática. Dedicarse a una actividad de este tipo permite experimentar un sentimiento de vitalidad novedoso y genuino.

Torralba (2010) enfatiza que el diálogo implica el uso de la inteligencia lingüística, emocional e interpersonal, además de ser un ejercicio espiritual que facilita la conexión de dos mundos distintos. El ejercicio espiritual y el físico son similares. El ejercicio espiritual mejora el yo transformando su paisaje interior y cambiando su perspectiva, mientras que el ejercicio físico mejora el aspecto y la vitalidad del cuerpo. Dado que ambas despiertan un sentido de misterio y pertenencia a la totalidad de la existencia tanto en los artistas como en el público, el cultivo de la inteligencia musical y la inteligencia espiritual están claramente relacionados. La música tiene la habilidad excepcional de transmitir y generar emociones positivas o negativas, lo que nos permite superar nuestras limitaciones y experimentar un sentido de conexión con todo lo que existe.

Dado que consiste en entrenar la mente para fortalecerla, la meditación es una práctica muy beneficiosa para el desarrollo de la inteligencia espiritual. De acuerdo con Torralba (2010), una forma de ejercitar la inteligencia espiritual es desapegarse de los pensamientos, emociones, deseos y expectativas, lo que resulta en la liberación de ellos.

La práctica de la solidaridad es esencial para crear una sociedad mejor, más honorable y armoniosa. Se debe a que fomenta un sentimiento de interconexión y unidad entre las personas, especialmente en tiempos de angustia y penuria. La solidaridad va más allá de simplemente hacer buenas obras; implica una comprensión más profunda de nuestra humanidad compartida y de nuestro lugar en el mundo en general.

Existe una variedad de técnicas para adquirir inteligencia espiritual, que ayuda en el desarrollo personal integral y completo. Una persona con una gran inteligencia espiritual tiene una mayor sensibilidad y un flujo constante de pensamientos. Torralba (2010) enumera numerosos beneficios de desarrollar este tipo de inteligencia, incluyendo una mejora en la creatividad, la perspicacia, la conciencia crítica y la autoevaluación, la mejora de las relaciones, la motivación propia, la comprensión de los límites, la conciencia de las posibilidades, la apertura y la receptividad, el equilibrio interior, la visión de la vida como un proyecto, la capacidad de hacer sacrificios y apreciar plenamente el momento presente.

La capacidad de tener conciencia crítica es otro gran beneficio de adquirir inteligencia espiritual. Es ampliamente reconocido que las personas con gran poder también han desarrollado su inteligencia espiritual. Por lo tanto, podemos inferir que lo que Torralba y sus predecesores denominan inteligencia espiritual es esencialmente una combinación de las ideas de inteligencia espiritual y existencial propuestas por Gardner.

LOS VALORES EN EL MARCO EXISTENCIAL DEL PROFESORADO

Los valores emergen como un rasgo distintivo de nuestra especie, paralelo al lenguaje y la autoconciencia, en el intrincado paisaje de la experiencia humana. La axiología es una teoría filosófica que se originó en Alemania a finales del siglo XIX y se dedica al estudio del valor, su naturaleza, esencia y juicios de valor. Según las axiologías subjetivistas u objetivistas, reflexionar sobre la esencia de los valores requiere tener en cuenta tanto la razón como la afectividad. Según Casares García (2008), los valores están profundamente conectados con las emociones, lo que nos permite navegar por el rango entre el placer y el dolor. Esta combinación de estados emocionales y cognitivos es esencial, desafiando la idea de separar lo físico de lo mental porque las emociones ayudan a la eficacia de la racionalidad. Gervilla (2000) apoya esta opinión enfatizando la relación entre la inteligencia y la emoción en la creación de valores.

Frendizi (1977) sintetiza la importancia de las teorías del valor al cuestionar si las cosas tienen valor simplemente porque las deseamos o simplemente porque tienen un valor inherente en sí mismas. Gervilla (1988) divide el valor en objetivo o subjetivo, afirmando que depende de la conciencia del sujeto o está presente en las reacciones fisiológicas o psicológicas del sujeto que valora. Carreras *et al.* (1996) enfatiza el valor intrínseco de los valores y enfatiza su valor no subjetivo. A través de un proceso de evaluación, los valores como la paz, el amor, la justicia, la generosidad y la honestidad se perciben y presentan una polaridad positiva o negativa.

La naturaleza polisémica del término valor es un problema para el campo de las ciencias de la educación. En el lenguaje común o popular, Gervilla (1988) describe sus múltiples significados, que incluyen calidad, importancia, subsistencia, propósito, fuerza, actividad, eficacia, virtud, audacia y desvergüenza.

Los valores se definen como objetivos educativos que se ajustan a la idea de potenciar las cualidades humanas en un contexto pedagógico. Carreras *et al.* (1996) destacan el papel que juegan los valores en la creación de jerarquías al enseñar a las personas qué es bueno y malo, qué es valor y qué es contravalor. También afirman que los valores verdaderos son aquellos que se asumen libremente, dan sentido a la vida y definen los objetivos vitales.

Coll *et al.* (1993) rechazan la compartimentación de los valores como una sección curricular separada. En cambio, enfatizan el papel crucial que desempeña la axiología en la información del currículo para guiar la enseñanza y la evaluación de los valores. El objetivo de Guijarro Ojeda (2005) es desarrollar una metodología educativa basada en evidencia que aborde la teoría educativa, incluyendo temas como la filosofía de la educación, la antropología pedagógica y la educación en valores. Estas tres líneas se unen en la idea de que todo acto educativo es en sí mismo un acto moral, lo que significa que es necesario incorporar valores en los procesos de enseñanza y aprendizaje. Enfatiza también que la relevancia de inculcar valores sociales y humanos, especialmente los relacionados con la alteridad, a los estudiantes, ya que esto ayuda a construir una sociedad madura basada en la comunicación, la razón y las emociones. Por lo tanto, el discurso sobre los valores en la educación va más allá de una mera construcción teórica y se ocupa de los aspectos prácticos de la formación de individuos y sociedades a través de un marco educativo holístico.

Estos planteamientos teórico-prácticos sobre la axiología tienen una gran relevancia para dilucidar la naturaleza marcadamente cultural que tiene el bienestar y, por ende, el bienestar docente. Es conocido por todos, que cada cultura tiene unos valores que la determinan y esos mismos valores, siendo parte inmaterial de la cultura, forjan los pilares del bienestar, es decir, a qué elementos atribuimos valor positivo para vivir en un equilibrio personal y social saludable.

CAPÍTULO 3

EL FENÓMENO DEL SÍNDROME DEL BURNOUT DEL PROFESORADO

Según Kyriacou y Sutcliffe (1979), el estrés es un síndrome que se caracteriza por emociones negativas como la ira, la tristeza y la baja autoestima, que con frecuencia se acompañan de cambios fisiológicos como el aumento de la frecuencia cardiaca. Varios autores reconocen el impacto global del estrés docente después de examinar una variedad de fuentes bibliográficas (Boyle *et al.*, 1995; Dick y Wagner, 2001; Kyriacou, 2001). Estos investigadores explican que cuando los educadores perciben situaciones prolongadas que minan su autoestima o su bienestar personal, se produce estrés. Rudlow (1999) señala que las responsabilidades administrativas son la principal causa del agotamiento. Además, Maslach (1993, 1999) define el agotamiento como el resultado de la exposición constante a condiciones de trabajo estresantes, lo que se caracteriza por el agotamiento emocional, la despersonalización y la disminución de la realización personal en las personas que trabajan en comunidad.

Varios investigadores (Dunham, 1992; Travers y Cooper, 1996) han identificado una variabilidad de problemas acuciantes para el profesorado. Estos incluyen el mal comportamiento de los estudiantes, la falta de motivación personal, la excesiva carga de trabajo, las limitaciones de tiempo, los conflictos con la función docente, las relaciones con los colegas y las presiones sociales.

El ampliamente reconocido Maslach Burnout Inventory —Educators Survey— fue creado por Christina Maslach y sus colegas Jackson y Leiter en 1996 para evaluar el agotamiento emocional o el agotamiento de los profesores. Moriana y Herruzo (2004) también revisaron la literatura para identificar los factores más estudiados e influyentes que afectan el bienestar de los profesores. Estos factores incluyen una carga de trabajo excesiva, las responsabilidades administrativas, el tamaño de las clases, los conflictos, la ambigüedad de los roles, las relaciones con colegas y padres, las políticas, las leyes, las reformas educativas, el comportamiento de los estudiantes y los estudiantes en general.

Es importante reconocer que estas afirmaciones están influenciadas por las experiencias pasadas de las personas, y que la manifestación de emociones negativas o positivas por parte del profesorado está influenciada por una conjunción de personalidad, valores, aptitudes y circunstancias. Teniendo en cuenta las características y circunstancias únicas de cada sistema educativo, que conforman los valores y actitudes de los profesores, algunos autores han identificado diversas fuentes de estrés en función del país de residencia.

Un estudio de Chan y Hui (1995) en la República Popular China examinó a 415 profesores de secundaria. Los hallazgos indicaron que la sobrecarga de trabajo fue el factor más influyente en el estrés de los profesores. Sorprendentemente, los que tenían responsabilidades adicionales, como guías u orientadores, no se agotaron más. Los profesores-guía demostraron una mayor sensación de éxito y realización personal a pesar de trabajar más horas. Esto sugiere que, incluso en situaciones de sobrecarga de trabajo, asumir responsabilidades adicionales en un área de interés puede aumentar la satisfacción laboral.

Además, algunos autores afirman que la personalidad tiene un impacto significativo en cómo las personas ven y responden a la adversidad. Esta influencia puede ser negativa, lo que resulta en una disminución, o positiva, lo que resulta en una promoción del desarrollo y la adquisición de conocimientos a partir de los contratiempos. Según Kaplan (1996), el método seleccionado puede generar cambios físicos y psicológicos. Además, Costa y McRae (1992) proponen cinco subdivisiones diferentes para el debate sobre la personalidad:

1. El término neuroticismo se refiere a la tendencia de una persona a experimentar angustia psicológica, problemas para controlar el comportamiento impulsivo, tendencias a pensar de forma poco realista e incapacidad para manejar el estrés de manera efectiva.
2. La extroversión es la tendencia de una persona a experimentar emociones positivas y a comportarse socialmente.
3. La apertura se define como una inclinación hacia la diversidad, un deseo de aprender más y una mayor apreciación de las artes.
4. La agradabilidad se refiere a la inclinación a mostrar preocupación y fe en los demás.
5. La concienciación se refiere a una inclinación natural a mostrar perseverancia, diligencia y habilidad para organizar.

Mills y Huebner (1998) investigaron a un grupo de psicólogos educativos y encontraron una correlación positiva entre el neuroticismo y la introversión y las tres dimensiones del agotamiento. Argumentan que, en comparación con los hallazgos de Iverson (1998) y sus colegas, los factores personales tienen un impacto más fuerte y significativo en el bienestar. Según este equipo de investigadores, las personas con niveles más altos de afectividad, una característica de la extroversión, experimentan menos angustia que las personas con niveles más bajos de afectividad.

También, Cano-García *et al.* (2005) llevaron a cabo un estudio en una escuela de educación especial y hallaron que los maestros con altos niveles de neuroticismo e introversión estaban bajo mayor estrés. De manera similar, Manthei *et al.* (1996) realizaron un estudio en Nueva Zelanda para investigar cómo cambiaron las fuentes de angustia entre los profesores. Después de analizar los datos durante cuatro años, descubrieron que los salarios insuficientes y el apoyo social insuficiente eran las principales causas de la angustia.

Pillay *et al.* (2005) explican en su estudio que, además del creciente interés por investigar los factores que influyen en la profesión docente, hay altos niveles de angustia en Australia. Esto se debe a que entre el 25 % y el 40 % de los profesores noveles abandonan la profesión. Los investigadores se alinean con la hipótesis de Nelson (2003) y subrayan la importancia de comprender cómo los profesores noveles ven las expectativas de la sociedad y la comunidad educativa, ya que estas implicaciones tienen un impacto significativo en el bienestar físico y mental, así como en las competencias profesionales de los profesores. Además, el estudio muestra que la satisfacción en el lugar de trabajo está estrechamente relacionada con la satisfacción del profesorado, y que los docentes menos satisfechos tienen más probabilidades de abandonar o descuidar su trabajo. La satisfacción está influenciada por factores como el estrés, la carga de trabajo, el apoyo de los directivos y administrativos y un entorno laboral positivo, mientras que la insatisfacción proviene de la sensación de que es difícil enseñar, la presión por la sobrecarga de trabajo y las experiencias desfavorables con las familias.

Se ha realizado una gran cantidad de investigaciones sobre los elementos que contribuyen al éxito y al desarrollo de los estudiantes, pero poco se ha estudiado sobre los elementos que afectan la salud y el bienestar del profesorado. Esto es particularmente crucial considerando la alta tasa de retiro de docentes, especialmente entre los nuevos docentes en Estados Unidos. Siendo así, el investigar los factores que influyen en la retención y el bienestar de los profesores es fundamental. Este estudio fue llevado a cabo por Austin *et al.* (2005), quienes utilizaron cuestionarios cuantitativos para medir los niveles de estrés de los profesores.

Seidman y Zager (1991) encontraron que los deportes, la meditación, las actividades recreativas y las vacaciones pueden reducir el agotamiento. Folkman y Lazarus (1988) sugieren que evitar expresar las preocupaciones y no enfrentar las circunstancias estresantes puede conducir a un mayor agotamiento emocional y despersonalización, así como a una disminución en la realización personal. Una estrategia para reducir la despersonalización y aumentar la autorrealización es buscar apoyo social.

Según Brown y Ralph (1992), las políticas que fomenten el intercambio de prácticas exitosas y la adopción de estrategias de afrontamiento, como técnicas asertivas, gestión eficaz del tiempo, delegación de tareas y relajación, pueden reducir el estrés de los profesores. Austin *et al.* (2005) señalan que los cursos de control de la ira funcionan bien para ayudar a los profesores a evitar comportamientos impulsivos. Además, estos cursos animaron a los maestros a considerar las estrategias inconscientes que utilizan en el aula.

Para abordar eficazmente el bienestar de los profesores, es fundamental conocer a fondo los diversos factores que contribuyen al estrés, el agotamiento y la satisfacción laboral. La tradición investigadora en este campo enfatiza el reconocimiento de los rasgos de personalidad individual, los factores estresantes contextuales y las estrategias de afrontamiento efectivas para promover un entorno docente positivo y sostenible.

Los resultados de los estudiantes mejoran cuando se utilizan diversos enfoques, no solo emocionales sino también sociales y conductuales. Esto también mejora la calidad de la educación (Gregor, 2005; Embse *et al.*, 2012). Se cree que mejorar las habilidades afectivas, o no cognitivas, como el autocontrol, la perseverancia, la empatía, la autoestima y las relaciones sociales, es el mejor método para mejorar el bienestar de los estudiantes. Además, se afirma que estas habilidades ayudan a los profesionales a tener éxito, mejorar la salud y reducir la delincuencia. Fomentar la regulación emocional y enseñar a expresar las emociones desde la educación infantil puede ayudar a prevenir muchos problemas durante la adolescencia. Este método ayuda a los estudiantes a desarrollar sus estrategias de regulación, los ayuda a concentrarse en las tareas académicas y reduce los conflictos relacionados con los problemas de conducta.

Es importante destacar que el estrés es una de las afecciones más comunes entre los estudiantes de secundaria en los Estados Unidos. Según investigaciones recientes, el estrés daña el crecimiento cerebral y afecta negativamente la capacidad de aprendizaje de los estudiantes. Sin embargo, los métodos de atención plena han demostrado ser útiles para tratar la ansiedad y el estrés (Vøllestad *et al.*, 2011; Vibe *et al.*, 2012). Estas técnicas mejoran las interacciones sociales entre los estudiantes con dificultades de aprendizaje y reducen la ansiedad y los problemas de comportamiento (Beauchemin *et al.*, 2008; Bögels *et al.*, 2008).

Los enfoques basados en la atención plena pueden mejorar los resultados cognitivos y socioemocionales de los estudiantes. Aunque algunos estudios sugieren que esto puede ser positivo, pero estadísticamente no significativo (Maynard *et al.*, 2017), por lo que se debe tener cuidado al aplicar estos métodos sin realizar estudios exhaustivos y rigurosos del contexto escolar.

Los enfoques basados en la atención plena han mejorado el rendimiento académico, la regulación del comportamiento y los comportamientos prosociales, según varios estudios (Fiore, 2016; Harpin, 2016). Además, un estudio centrado en el bienestar como resultado encontró que la meditación disminuía significativamente las emociones negativas en niños de 7 a 9 años.

Roeser *et al.* (2013) realizaron un estudio en Canadá y Estados Unidos en el que los profesores participaron en un programa de mindfulness de 8 semanas. Los resultados mostraron que inmediatamente después de completar el programa y tres meses después, los profesores experimentaron una disminución del estrés y la angustia. Sin embargo, los factores fisiológicos como los niveles de cortisol y la presión arterial no cambiaron. Esto hace que se cuestione si los programas de intervención que fomentan el bienestar y la atención plena tienen un impacto directo en el bienestar o el malestar del profesorado.

Según Travers y Cooper (1996) y Kyriacou (2001), los principales factores de estrés para los profesores incluyen la dinámica interpersonal con los colegas, la adaptación a los cambios en la educación, la instrucción de estudiantes desmotivados, el mantenimiento de la disciplina, la gestión de conflictos e incertidumbres en la función docente, el mantenimiento de la autoestima y la posición profesional, las limitaciones de los estudiantes y la instrucción de los estudiantes.

CAPÍTULO 4

EL PARADIGMA POSITIVO
DEL BIENESTAR DOCENTE

Aelterman *et al.* (2007) sugieren una interpretación constructiva del bienestar, a diferencia del enfoque predominante en el estrés, la tristeza y el agotamiento en los estudios sobre el bienestar docente. Según ellos, el bienestar es un estado de emociones positivas que ocurre cuando existe un equilibrio entre las necesidades y expectativas personales de los profesores y las circunstancias ambientales específicas. Con el objetivo último de mejorar el estado psíquico del profesorado, su investigación busca descubrir los factores determinantes que tienen un impacto positivo en el bienestar general de los centros escolares.

Se ha identificado que la presencia de apoyo social en el lugar de trabajo es esencial para gestionar los cambios en el bienestar profesional y emocional. Además, Aelterman *et al.* (2007) proponen un modelo de bienestar docente que incluye tres categorías: elementos sociales, profesionales y personales. Enfatizando sus características subjetivas y distintivas, la investigación sobre el aspecto personal establece una conexión entre los factores que influyen en el bienestar y el lugar de trabajo. La presión laboral sobre la autonomía, la disponibilidad de recursos materiales, el equipo directivo, el entorno escolar y las interacciones interpersonales son solo algunos de los muchos aspectos del entorno laboral que se han estudiado. Los estudios sobre el aspecto social destacan que una variedad de factores afecta el bienestar de los profesores. Estos incluyen la influencia de los medios de comunicación en el entorno educativo, la devaluación de la profesión docente, las futuras oportunidades profesionales, el salario y las expectativas sociales.

Según varios estudios (Hoy y Miskel, 1996; Vanderberghe y Huberman, 1999; Smylie, 1999; Halliger, 2003), el lugar de trabajo está estrechamente relacionado con los factores que afectan el bienestar personal. Estos estudios reconocen que el bienestar, o el malestar, es un fenómeno individualizado y subjetivo. Además, se han llevado a cabo investigaciones exhaustivas sobre el entorno profesional. Estas investigaciones han examinado específicamente elementos como el equilibrio entre la presión laboral y la independencia, la accesibilidad a recursos tangibles, la competencia del equipo directivo, el entorno de la organización y la dinámica de las interacciones interpersonales.

Además, los estudios de Sleegers (1999) y Smylie (1999) han examinado en profundidad el aspecto social. El impacto de los medios de comunicación en el ambiente general, la infravaloración de la profesión docente, las limitadas oportunidades de progreso profesional, las consideraciones salariales y las expectativas de la sociedad son los principales obstáculos para experimentar una sensación de bienestar, según este estudio.

Horn *et al.*, (2004) realizaron una investigación extensa sobre el bienestar de los docentes, examinando específicamente las características ventajosas de la profesión docente. El bienestar profesional se refiere a la evaluación favorable de una variedad de aspectos de la vida laboral de una persona, según su definición. Las investigaciones de Warr (1990) y Ryff (1989) influyeron en el estudio, que presenta un modelo de cinco dimensiones. Ryff y Warr agregan el bienestar afectivo, el bienestar social y el bienestar profesional a las tres dimensiones iniciales del modelo de Horn *et al.* (2022). Por otro lado, este equipo desarrolló las dos dimensiones finales, el bienestar psicosomático y el bienestar cognitivo.

El bienestar afectivo se refiere al estado emocional general de una persona y abarca características positivas como la satisfacción laboral y la dedicación a la organización, así como características negativas como el cansancio emocional. El cansancio emocional está fuertemente relacionado con las relaciones interpersonales, especialmente con los estudiantes (Maslach, 1993). El nivel de compromiso y dedicación que demuestra un profesor hacia la institución se conoce como compromiso organizativo. Horn *et al.* (2002) proponen que los alumnos, los colegas y la escuela en su conjunto funcionen con fluidez, de forma similar a los movimientos coordinados de un reloj, para mejorar el bienestar general. Se puede pensar en las prácticas satisfactorias como pequeñas agujas de reloj que ayudan a construir la unidad social y a tener una participación positiva en la comunidad educativa en general. Establecen una clasificación de diferentes ámbitos dentro del bienestar docente:

1. Bienestar profesional: los objetivos propios, la competencia profesional y la autonomía son componentes del bienestar profesional. La autonomía es crucial para los profesores porque creen que tienen una gran cantidad de autoridad y autonomía dentro de la escuela. Sin embargo, esta independencia se limita con frecuencia a los límites del aula, lo que hace que se sientan insuficientes, impotentes e infravalorados, especialmente cuando se enfrentan a las regulaciones impuestas por el gobierno.

2. Bienestar social: este factor determina cómo se comportarán adecuadamente los profesores tanto con sus alumnos como con sus compañeros. Fomentar el bienestar social ayuda a reducir los niveles de despersonalización, que es una parte importante de la angustia de los profesores, y a fomentar el interés, el afecto y el entusiasmo por la profesión.

3. Bienestar cognitivo: el bienestar cognitivo, que abarca los elementos del agotamiento, enfatiza la importancia de que los profesores sigan concentrados en su trabajo y sean capaces de adaptarse a los cambios. Según Horn *et al.* (2002), la enseñanza requiere un cierto nivel de alerta. Es posible que una disminución en la concentración estructural sea un indicador de una disminución en el bienestar.

4. Bienestar psicosomático: este elemento evalúa si hay o no trastornos y síntomas psicosomáticos, como dolores de cabeza y de espalda. Según los autores, las fuentes de los problemas psicosomáticos y las molestias de los profesores deben encontrarse en entornos laborales desfavorables, como ambientes de trabajo excesivamente exigentes o con escasa autoridad.

Después de desarrollar el marco teórico, Horn *et al.* (2002) utilizaron una variedad de herramientas para validar sus conclusiones. La prueba final, que contenía 119 preguntas, se entregó a instructores de varias escuelas holandesas y recibió respuestas de 1252 participantes. Los autores destacaron la eficacia de su multimodelo, el cual proporcionaba resultados más completos que las investigaciones enfocadas en un solo factor de bienestar. Se demostró que las acciones positivas, las motivaciones, los comportamientos, las percepciones y el ejercicio físico mejoran el bienestar y reducen el estrés en el lugar de trabajo, especialmente en el ámbito educativo. Los autores también explicaron que la falta de bienestar puede manifestarse de varias maneras, incluido el agotamiento excesivo y el bajo compromiso laboral, la falta de concentración y las enfermedades psicosomáticas.

Horn *et al.* (2002) destacaron el aspecto de desarrollo de la enseñanza, que va más allá de la transferencia básica de conocimientos e implica contactos más personales con los estudiantes, involucrando la orientación instructiva, el impacto en el crecimiento individual y la intervención en sus vidas. Como resultado, los profesores se enfrentan a cargas psicológicas y emocionales más altas. Sin embargo, descubrieron que, a pesar de que desarrollaron su modelo para evaluar el bienestar desde un punto de vista multidimensional, la dimensión afectiva resultó ser la más influyente en la producción de cambios en el bienestar tanto positivos como negativos. Estos hallazgos corroboran las investigaciones anteriores de Warr (1990) y Maslach (1993), que sugerían que el bienestar refleja las características emocionales y afectivas de una persona. Además, sugirieron que los profesores que se enfrentan a desafíos son aquellos que han soportado una gran cantidad de tensión emocional.

Según diversos estudios, los ambientes escolares favorables animan a los estudiantes a compartir experiencias y preocupaciones en espacios seguros, reduciendo la tensión y el malestar. El simple hecho de discutir las preocupaciones con los compañeros de clase puede aliviar la tensión y el malestar. Los entornos escolares saludables se distinguen por:

— La implicación de toda la comunidad escolar.
— Un fuerte sentido de equipo.

— Decisiones de liderazgo y gestión tomadas con la participación de todos los miembros de la escuela.
— Aplicación de una política escolar que enfatice los principios y la calidad docente.
— Todos los miembros deben ser informados sobre las políticas de la escuela.
— Las responsabilidades y expectativas de los docentes están claramente establecidas.
— Comunicar comentarios positivos y elogios a los docentes.
— Dotar de materiales y espacios adecuados para la instrucción.
— Elaborar políticas y procedimientos bien definidos.
— Estructuras sistemas que ayuden a resolver problemas.
— Reducir los procedimientos administrativos y de burocracia.
— Adaptar las responsabilidades adicionales a las habilidades del personal docente.
— Crear un lugar de trabajo amigable.
— Usar la planificación anticipada estratégicamente por parte de la dirección.
— Orientar para el crecimiento y la mejora de las prácticas docentes.

Como apuntábamos anteriormente, el informe de las Naciones Unidas sobre la educación en el siglo XXI (Delors, 1996) estableció cuatro pilares fundamentales de la educación: aprender a conocer, aprender a hacer, aprender a ser y aprender a vivir juntos. La educación del siglo XX se centró en gran medida en los dos primeros pilares, conocimientos y habilidades, pero cada vez hay más pruebas de que el segundo (aprender a ser y aprender a vivir juntos) es igual de importante que el primero (Zins *et al.*, 2004). Además de estas afirmaciones, la Declaración Universal de los Derechos Humanos de las Naciones Unidas (1948) establece que la educación debe fomentar el desarrollo integral de la personalidad humana, fortalecer el respeto por los derechos humanos y las libertades fundamentales, fomentar la comprensión, la tolerancia y la amistad entre naciones y grupos raciales o religiosos, y contribuir a las actividades de las Naciones Unidas para el mantenimiento de la paz.

La iniciativa Aspectos Sociales y Emocionales del Aprendizaje (SEAL) se incorporó a las escuelas en el Reino Unido en 2005 y se extendió a las escuelas secundarias en 2007 (DfES, 2005a). El DfES dice que el proyecto se ha implementado ampliamente en la mayoría de las escuelas, incluidas muchas de las escuelas secundarias. Según Pullinger (2008), una revisión del impacto de SEAL en 84 escuelas de Sheffield (South Yorkshire) entre 2005 y 2007 reveló avances significativos. Estos cambios incluyeron una mejor expresión de emociones y una mejor conducta de los estudiantes. En particular, los niños demostraron una mayor capacidad para manejar los conflictos menores de manera independiente y hubo una reducción en el número de incidentes de acoso escolar. La investigación subraya la importancia de comprender que los educadores no solo deben recompensar los éxitos académicos, sino que también deben ayudar a los niños a desarrollar el autocontrol y las habilidades para lidiar con situaciones adversas. Estos dos aspectos son igualmente importantes para el futuro bienestar de los estudiantes. Los autores destacan que las interacciones diarias en la escuela afectan las expectativas y el comportamiento de los alumnos e instan a los maestros a promover el pensamiento positivo. En el Reino Unido, se estableció una línea telefónica de ayuda a los profesores llamada *teachline*, financiada por el gobierno y que brinda ayuda gratuita a los educadores que se enfrentan a situaciones estresantes y difíciles (TBF, 2000).

Durante los últimos veinte años, Finlandia ha sido líder en evaluaciones educativas internacionales como PISA, y muchos otros países han intentado imitar sus métodos y reformas. En su investigación sobre las comunidades de aprendizaje y el bienestar docente, Webb *et al.* (2009) destacan que los rápidos cambios sociales que acompañaron a la reforma educativa de 1994 en Finlandia requerían enfoques más adaptables, lo que finalmente llevó a un compromiso colectivo para mejorar el bienestar de los profesores. Sin embargo, Sahlberg (2007) afirma que la reforma escolar de 2004, que reintrodujo contenidos y horas obligatorias para cada nivel y se aproximó a la ley educativa española, redujo los niveles de bienestar en Finlandia debido a un mayor enfoque en la estandarización y las disciplinas convencionales.

En Brasil, un estudio con 13.892 participantes que examinó el bienestar de los profesores de Educación Física (EF) encontró que ni el género ni el nivel de educación en el que se imparte la educación tienen un impacto significativo en el bienestar. Los principales factores de bienestar, según Both *et al.* (2013), incluyen las condiciones de trabajo (algunos profesores tenían múltiples trabajos), la integración social en el entorno laboral, la disponibilidad de materiales y recursos, el cumplimiento de las prácticas de nutrición y un buen estilo de vida. Según el informe, casi un tercio del profesorado brasileño necesita implementar programas que fomenten una vida activa y saludable, especialmente para los docentes mayores. Por el contrario, dos tercios afirman sentirse muy satisfechos con su trabajo. Esto se debe a su estilo de vida saludable y a su participación en las actividades escolares. Además, las investigaciones sugieren que la experiencia adquirida después del primer año de trabajo es el factor que más influye en el bienestar (Clotfelter *et al.*, 2007; Harris y Sass, 2011), y que la comunicación fluida y eficaz de los profesores está correlacionada con mejores resultados académicos de los alumnos.

Comparando estos datos, se puede ver claramente que los docentes están asumiendo cada vez más responsabilidades. El cambio social rápido requiere cambios en los horarios de enseñanza, las habilidades y las funciones. Los profesores ya no se ven como meros transmisores de conocimientos, sino que se ven como comunicadores, facilitadores y protectores del alumnado y de su mundo interior. La empatía, la inspiración, el apoyo y el estímulo en las actividades escolares son aspectos esenciales del trabajo de un profesor. Además, los educadores tienen responsabilidades adicionales, incluida la realización de trámites burocráticos, la evaluación de los estudiantes, la planificación de actividades en el aula y la actualización regular de los métodos pedagógicos. Reunirse con las familias, los colegas, las autoridades administrativas y los estudiantes también es importante para apoyar al profesorado. Es comprensible que estas responsabilidades tengan un impacto prolongado en la psicología docente, lo que con frecuencia se traduce en sentimientos de sobrecarga, incertidumbre, mayores responsabilidades y escasa ayuda externa fuera del aula.

EL BIENESTAR DOCENTE DEL PROFESORADO EN FORMACIÓN

En medio del descuido de los estudios sobre el impacto de las emociones en la enseñanza, también se descuida la investigación sobre la formación docente. Day (1993), Day y Kington (2008) y Day y Gu (2014) enfatizan que las emociones son esenciales para la formación docente, no solo para aprender a enseñar, sino también para dirigir, organizar y promover el crecimiento personal y profesional. El debate formativo discute las consecuencias futuras de vivir en una sociedad emocional. Algunos expertos, como Brighouse (2002), sugieren que este método podría revitalizar la educación al crear personas con entusiasmo por el liderazgo. Hargreaves (1994) aboga por la transformación y la reeducación con una combinación de afectividad y cognición, anticipando una revolución educativa.

Puede afirmarse que la mayoría de las personas han recibido una educación formal y han interactuado con diversos educadores en la cultura contemporánea, aunque no sea universalmente relevante. Por lo tanto, cada persona tiene concepciones o nociones fundamentales de lo que hace un buen profesor, construidas por los recuerdos de lo que le ha gustado y disgustado durante sus años como estudiante. Los futuros profesores tienen un papel único en la educación, a diferencia de los estudiantes de medicina o derecho. Al haber sido estudiantes durante un largo período de tiempo, generalmente de al menos dieciocho años, algunos han llegado incluso a dar clases particulares, lo que ha fortalecido pensamientos y creencias muy arraigados sobre las características de un docente excepcional. Sin embargo, Marso y Pigge (1989) sostienen que aquellos que empiezan a trabajar como docentes suelen tener una actitud positiva hacia el trabajo.

Book *et al.* (1983) realizaron un estudio basado en cuestionarios a principios de la década de 1980 para determinar las ideas de los profesores en prácticas sobre su futuro trabajo. Los participantes dijeron que su objetivo era trabajar con los estudiantes para ayudarlos a abordar y hacer frente a sus preocupaciones y crear conceptos sanos de sí mismos. Sin embargo, unos años más tarde, Weinstein (1988) observó que los estudiantes de magisterio mostraban un optimismo poco realista, albergando una tendencia a creer que los obstáculos a los que se enfrentaban sus colegas no les afectarían. Se hicieron preguntas abiertas a los profesores en formación sobre sus cualidades y puntos de vista en relación con la práctica docente en una investigación posterior de Weinstein (1989). Más de treinta características fueron creadas por el estudio, incluidos el respeto, la justicia, la inteligencia y la apertura. Los cinco rasgos más deseables de un profesor exitoso son: ser compasivo, comprensivo y amable; tener paciencia con los alumnos; poder motivarlos y mantener la disciplina.

Según un análisis de la literatura sobre las creencias de los docentes en prácticas, suelen tener sus comportamientos y actitudes basados en sus experiencias anteriores como estudiantes. Un programa creado por Bird *et al.* (1992) tenía como objetivo explorar las creencias previas de los educadores en formación mediante el debate, la discusión y la reflexión sobre sus puntos de vista sobre la práctica docente. Los hallazgos indicaron que los profesores en formación ya tenían creencias sólidas debido a sus experiencias anteriores.

Richardson (1996) también dividió estas experiencias en tres categorías principales: experiencias personales, experiencias escolares y experiencias con conocimiento formal. Richardson enfatizó que estas áreas tienen un impacto significativo en las concepciones sobre la enseñanza, la motivación para convertirse en educador y los métodos pedagógicos preferidos.

Este argumento fue confirmado por Calderhead y Robson (1991) al afirmar que los instructores en prácticas recuerdan con claridad sus sentimientos y experiencias anteriores como alumnos en la escuela. Las experiencias personales también se reconocieron como factores clave en la toma de decisiones futuras.

Gupta y Saravanan (1995) descubrieron que los maestros en formación con experiencias o recuerdos desagradables de la escuela tenían más probabilidades de desarrollar y aplicar técnicas de enseñanza efectivas en el aula en comparación con los que tenían experiencias o recuerdos favorables.

Pajares (1992) distingue el conocimiento formal de las creencias personales, afirmando que el conocimiento formal se refiere a hechos objetivos y verificables. A diferencia del conocimiento, que requiere una confirmación fáctica, Pajares (1992: 317) señala que las creencias no requieren necesariamente pruebas para ser consideradas verdaderas. Además, sostiene que una vez que las creencias se integran en el marco de creencias de una persona, se vuelven cada vez más resistentes a la alteración. Aunque de manera tangencial a este trabajo, la discusión actual sobre esta palabra, especialmente la inclusión de «opiniones irracionales» en las encuestas utilizadas, requiere consideración. Según Pajares, el desafío en la capacitación docente radica en enseñar y promover prácticas efectivas a través del aprendizaje pedagógico, ya que la mayoría de los profesores capacitados ingresan a sus programas con creencias preconcebidas sobre las cualidades de un buen profesor (Fuller y Bown, 1975; Lortie, 1995).

Woolfolk-Today y Murphy (2001) describen la investigación sobre el aprendizaje como una reserva idiosincrásica de habilidades, información, experiencias, creencias y recuerdos. Según Murphy *et al.* (2004), hay profesores que son reacios a cambiar sus pensamientos y les resulta difícil transmitir al aula los conocimientos y prácticas que han aprendido. Por el contrario, las creencias de los futuros profesores cambian a lo largo de su formación, según Jacobs (1968) quien sostiene que los aspirantes a profesores suelen comenzar la capacitación con una mentalidad más abierta e imparcial, lo que amplía sus ideas, experiencias y enfoques.

Todos comparten opiniones sobre lo que define a un maestro eficaz, independientemente de las características de los alumnos (como la edad, el sexo o la etnia) o la naturaleza del aula (ya esté marcada por problemas disciplinarios o centrada en la educación emocional). Como se puede apreciar en la revisión bibliográfica, el enfoque principal de estas investigaciones se centra en los valores interpersonales en lugar de los conocimientos formales. Los estudiantes afirman constantemente que para ellos es más importante ser testigos de que un profesor valora y se apasiona por enseñar su materia que de que tenga conocimientos académicos profundos. Según Corbett y Wilson (2002), el papel crucial del instructor en el desarrollo de los conocimientos, la cultura y las habilidades de los alumnos es fundamental.

Palomera *et al.* (2008) proponen la inclusión de cursos dirigidos a fomentar la inteligencia emocional para mejorar el bienestar personal y profesional en la formación inicial del profesorado, basándose en la literatura sobre el desarrollo de las habilidades emocionales de los alumnos. La cohesión social, la inclusión y el bienestar emocional de los niños y jóvenes son los objetivos principales de las estrategias efectivas desarrolladas por el Reino Unido durante más de dos décadas.

Weare y Grey (2003) destacan que las habilidades emocionales y sociales deberían promoverse no solo en las escuelas, sino que también deberían ser obligatorias para todas las organizaciones que capacitan a los profesores. Según ellos, no es viable enseñar una habilidad que no se ha aprendido previamente. Además, no se puede dar una enseñanza efectiva sin el bienestar del profesor. Según este equipo de investigación, la sociedad actual espera que las personas reciban una educación integral que incluya los conocimientos culturales básicos, las habilidades sociales y el dominio de una variedad de competencias esenciales para sobrevivir en el siglo XXI.

En el ámbito español, la delimitación de las funciones docentes muestra un perfil profesional multimodal, según la LOMCE (2020). Este retrato muestra al docente como una persona en constante movimiento que se encarga de organizar y llevar a cabo las responsabilidades de enseñanza. Además, se le define como innovador, gestor, examinador, orientador, mediador e investigador tanto en el aula como con los estudiantes.

Varios autores (Bolívar *et al.*, 2001; Esteve, 2003, 2009; Beijard *et al.*, 1999; Bullough, 2008; Pérez Valverde y Ruiz-Cecilia, 2014) destacan que los elementos emocionales y sociales asociados con el trabajo docente suelen ser ignorados en las guías de formación del profesorado, alejándose del enfoque tradicional centrado en la adquisición de conocimientos formales. Para adaptarse a los resultados de la investigación, las leyes educativas y el modelo de sociedad que se sigue en Europa, Palomera *et al.* (2008) sugieren incluir las competencias emocionales en la formación inicial del profesorado.

CAPÍTULO 5
EL BIENESTAR DOCENTE DEL PROFESORADO DE LENGUA EXTRANJERA

Según un estudio de la Comisión Europea de 2013, los profesores de lengua extranjera están bajo gran presión debido a la preponderancia del inglés como lingua franca. La enseñanza de idiomas extranjeros (o adicionales) ha disminuido en popularidad, valor e importancia, lo que afecta negativamente el estatus social de los profesores de idiomas que enseñan una lengua distinta del inglés, según el informe (Comisión Europea, 2004; Borg, 2006). Paralelamente, el British Council (2014) observa una disminución significativa en el número de estudiantes de enseñanza superior interesados en las lenguas modernas.

Además de estas macroestructuras globales de lenguas extranjeras, estamos de acuerdo en que el bienestar de los profesores tiene varias facetas influenciadas por sus propios contextos individuales. Esto nos permite conceptualizar el bienestar docente como algo dinámico y emergente, nunca absoluto, sino en un estado constante de ser y fuertemente moldeado por el contexto (Price y McCallum, 2015; van Houte, 2010). Hammadou y Bernhardt (1987) destacan que ser docente de lenguas extranjeras es un trabajo único en la educación.

Según Neuman (2001), la literatura existente sobre educación se centra en la enseñanza universitaria, con un énfasis desproporcionado en disciplinas STEM (Ciencia, Tecnología, Ingeniería y Matemáticas). Por otro lado, las áreas de ciencias sociales, como la educación, y las humanidades no han recibido una atención académica relevante. Además, la investigación sobre la naturaleza de la enseñanza de idiomas y las diversas experiencias de los profesores de lenguas extranjeras más allá de la enseñanza superior es muy limitada. Es evidente, partiendo de las afirmaciones de Hammadou y Bernhardt (1987), que ser profesor de lenguas extranjeras es un trabajo profesional único que se distingue de los educadores de otras disciplinas por un proceso de transformación diferente. Esta distinción se basa en las características fundamentales de la enseñanza de lenguas adicionales, donde el contenido y el proceso de aprendizaje están inextricablemente conectados. Este hecho se resume en el dicho el medio es el mensaje en la enseñanza de lenguas extranjeras.

Borg (2006), un académico y profesor de inglés como lengua extranjera, enumera cinco criterios que, basados en las teorías de Hammadou y Bernhardt (1987), definen la enseñanza del inglés:

1. El desafío para los profesores de idiomas en el desarrollo de sus conocimientos sobre el tema radica en que enseñan comunicación en lugar de información real, lo que requiere una participación regular en contextos lingüísticos para mantener las competencias.
2. El carácter distintivo de la materia, ya que la enseñanza de idiomas requiere el uso de un medio que los estudiantes aún no dominan para una instrucción efectiva.
3. A diferencia de otras asignaturas, donde las actividades interactivas son deseables, pero no imprescindibles, la centralidad del contacto en la enseñanza de idiomas es la actividad interactiva.
4. Los profesores de idiomas están experimentando un mayor aislamiento, posiblemente debido a la escasez de colegas que enseñen el mismo campo.
5. Dado que los profesores de idiomas deben participar en actividades de uso del idioma en el mundo real más allá del aula, un requisito no tan importante en otras asignaturas, es necesario el apoyo extraescolar para el aprendizaje de los contenidos.

Para respaldar este estudio, Borg (2006) se refiere a Brosh (1996) para enfatizar las cualidades requeridas en los profesores de idiomas tanto desde la perspectiva del alumnado como del profesor. El conocimiento de la lengua meta, la capacidad de despertar y mantener el interés de los alumnos, la imparcialidad, la disponibilidad hacia los alumnos y las habilidades organizativas y explicativas son cualidades consideradas esenciales tanto por los profesores como por los alumnos.

Borg (2006) realiza un estudio cualitativo partiendo de este marco teórico. Utiliza grupos de discusión para evaluar la posición de los profesores de idiomas en el siglo XXI. El estudio incluye a participantes de varios grupos que están interesados en la enseñanza y el aprendizaje del inglés como lengua extranjera, así como a profesores especializados en otras disciplinas. Las que siguen son las principales conclusiones de este estudio:

Los informantes con un máster en TESOL creen que:

— En comparación con otros temas, la metodología de enseñanza del inglés es más progresista.
— En la enseñanza de idiomas, es más común que los alumnos produzcan ambigüedades o errores durante las actividades.
— Los profesores de idiomas suelen compararse con hablantes nativos, lo que pone de relieve el escrutinio sobre la capacidad de los profesores no nativos.
— La enseñanza de idiomas se considera una empresa política, que implica examinar la dinámica del poder en el país de destino de la lengua extranjera.
— En la enseñanza de idiomas, la producción oral tiene un papel importante, por encima de su importancia en otras materias.

— A diferencia de otras asignaturas en las que existe una clara diferencia entre el aprendizaje y el contenido aprendido, la enseñanza de idiomas combina contenido y método.

— Debido a la riqueza y variedad de la información, es más difícil identificar los temas principales en la formación lingüística.

Los profesores de idiomas en activo dijeron:

Los profesores en activo de inglés cuestionaron la idea de que la metodología de enseñanza en inglés debe ser más avanzada que en otras materias. Consideraron que era un problema de enfoque general que se aplicaba a todas las disciplinas y sostuvieron que la brecha percibida no era una característica exclusiva de la enseñanza de lenguas extranjeras.

Características adicionales: muchos profesores expresaron sus sentimientos con respecto a las comparaciones poco halagüeñas con los docentes de lenguas adicionales. Enfatizaron características específicas de la enseñanza de idiomas, como el apoyo al crecimiento integral mediante el desarrollo de habilidades interculturales y sociales. Estos profesionales pusieron énfasis en aspectos propios de las prácticas de lengua extranjera, como la infravaloración social del tema, la enseñanza inadecuada de la lengua y la comprensión insuficiente de los estudiantes que no dominan totalmente su lengua materna.

Los profesores de materias no lingüísticas expresaron:

Después de que se publicaron los datos anteriores, se envió una serie de preguntas por correo electrónico a profesores de matemáticas, química, historia y otros cursos no lingüísticos. Los participantes, en general, validaron algunos de los rasgos mencionados por los profesores de lenguas y matizaron otros. Por ejemplo, los profesores de ciencias enfatizaron su papel en el desarrollo integral de los estudiantes al fomentar la cultura científica y de investigación.

El profesorado de lengua extranjera en formación constata lo siguiente sobre los siguientes ámbitos:

1. Métodos, actividades y materiales: en comparación con sus compañeros de otras asignaturas, los educadores de Lengua extranjera tenían a su disposición una selección más amplia de materiales. Señalaron que se distingue de disciplinas como la literatura o la historia por la libertad de utilizar una variedad de actividades, como juegos, música y conversaciones.

2. Contenidos enseñados: los estudiantes destacaron que la enseñanza de lenguas extranjeras con frecuencia implica no solo la transmisión de conocimientos lingüísticos, sino también el entorno cultural que hay detrás de la lengua en una variedad de campos, como la educación, la política, la lingüística y la historia. Esto es diferente a temas como la historia, en los que los estudiantes solo recuerdan hechos.

3. Carácter de la lengua: la enseñanza de idiomas extranjeros es dinámica y requiere una adaptación constante a los cambios. Ambos grupos de for-

madores lo destacaron. Subrayaron la importancia de que los profesores de Lengua Extranjera tengan competencias lingüísticas completas y estén al día con los avances en el uso de la lengua.

4. Relaciones con los alumnos: en comparación con sus compañeros de otros cursos, los profesores de lenguas adicionales tenían contactos sociales con los alumnos más íntimos, tranquilos y positivos. Los compañeros dijeron que esto se debía a que sus compañeros compartían historias personales, lo que hacía que el lugar de aprendizaje fuera más humano y agradable.

5. Desafíos para los hablantes no nativos: los estudiantes señalaron que la enseñanza de idiomas requiere más concentración en comparación con otros temas. Los profesores de lengua extranjera deben prestar atención a los elementos fonológicos además de transmitir conceptos. Como resultado, los estudiantes observaron que los profesores dedican más tiempo a planificar las clases para garantizar que todos los estudiantes se comuniquen y comprendan.

6. Características personales: un subgrupo encontró que los profesores de idiomas deberían tener características como sentido del humor, inventiva, flexibilidad, entusiasmo, amabilidad y una actitud positiva. Sin embargo, más tarde reconocieron que estas cualidades no eran exclusivas de los profesores de idiomas; eran igualmente deseables para los profesores de otras materias.

El estudio de González *et al.* (2002) recopila historias de profesores de inglés colombianos que fueron recolectadas mediante grupos de discusión y cuestionarios. El objetivo principal era abandonar el paradigma tradicional basado en la escuela y adoptar un enfoque holístico que abarcara toda la escuela. Proponen un enfoque integral en el que el profesor de idiomas desempeña tres funciones diferentes: instructor, trabajador y aprendiz. El estudio resume los componentes esenciales y los resultados de la siguiente manera, basándose en la pirámide de Maslow (1943), que se centra en los sentimientos de empatía, generosidad y felicidad:

1. El profesor como trabajador: los profesores de lengua inglesa (ELT) enumeran una serie de características que pueden mejorar su bienestar personal y su práctica docente, entre ellas:

   a. Mejor remuneración.

   b. Reducir la carga adicional de trabajo, como la burocracia administrativa.

   c. Un problema importante para la mayoría de los profesores de inglés es la estabilidad laboral, ya que la mayoría no tienen oportunidades estables.

   d. Autonomía en la toma de decisiones, especialmente en lo que respecta a la disponibilidad de herramientas pedagógicas, la frecuencia de las sesiones de inglés semanales y la selección de libros de texto.

   e. Reducir la violencia en el aula. Los maestros están descontentos con la falta de compromiso del gobierno para resolver este problema.

    f. Crear un entorno de trabajo en equipo para compartir, desarrollar y discutir ideas, con una necesidad reconocida de empleados más dinámicos y colaborativos, así como una formación constante en relaciones interpersonales.

2. El maestro como educador: algunos profesores de LE afirman que ciertas cualidades ayudarían a su propio bienestar y desarrollo profesional, como:

    c. Las aulas deben ser más pequeñas porque el hacinamiento dificulta la comunicación y contribuye a los problemas de disciplina.

    d. Mayor acceso a recursos materiales, en particular audiovisuales.

    e. Una mayor frecuencia de cursos de inglés semanales, con la idea de que una mayor exposición a la lengua meta, junto con clases más reducidas y recursos adecuados, mejoraría el dominio y la motivación de los alumnos.

    f. Adoptar enfoques interdisciplinares transversales que requieren colaboración y coordinación con profesores de otros cursos, como especializados en ciencias, música o español.

    g. Énfasis en las estrategias de enseñanza relacionadas con la didáctica del inglés, con el deseo de los instructores de mejorar sus habilidades y competencias en este campo.

3. El maestro como estudiante: los maestros de LE describen características particulares que contribuirían a su bienestar personal y a su práctica docente, incluidas:

    a. Mejorar la competencia lingüística, comprender los problemas que enfrentan los instructores al impartir talleres de inglés debido a los límites de la carga de trabajo y la preocupación por los niveles de competencia lingüística.

    b. Oportunidades de colaborar en red para abordar problemas como la hiperactividad de los estudiantes y buscar tácticas de gestión adecuadas.

    c. Formación académica adicional.

    d. Enseñar de manera reflexiva.

    e. Adoptar enfoques humanistas que buscan educar a los estudiantes de una manera holística.

Según González *et al.* (2002), los profesores de inglés como lengua extranjera en América Latina necesitan estrategias para mejorar su práctica, que incluyan una visión integral de sus deberes como trabajadores, instructores y estudiantes. Sin embargo, los planes de estudio actuales suelen ignorar las necesidades de los profesores y los estudiantes, lo que les impide desarrollar su autonomía y enfoque. Los autores creen que el deber de obligar a los educadores a inscribirse en cursos de capacitación debe extenderse más allá de los administradores escolares y que el Ministerio debería tener un papel en la compensación financiera de los educadores. Apoyan la creación de un sistema reconocido y una plataforma para que los instructores compartan sus preocupaciones. Los investigadores sostienen que la implementación de un sistema de este tipo reduciría la insatisfacción de los profesores de enseñanza de idiomas, ya que la participación actual en talleres o cursos carece de reconocimiento, por ejemplo, mediante la creación de salas de apoyo donde los profesores colaboren, compartan experiencias y crezcan como grupo.

EL AGOTAMIENTO PROFESIONAL EN EL PROFESORADO DE LENGUA EXTRANJERA

A continuación, presentamos una serie de investigaciones experimentales que se enfocaron en las causas del descontento de los profesores de idiomas extranjeros. A pesar de las discusiones previas sobre el agotamiento o burnout, se considera crucial agregar literatura científica específica sobre el agotamiento en el ámbito de las lenguas extranjeras al debate teórico existente. Un estudio inicial llevado a cabo en Inglaterra y Francia con 800 docentes de idiomas muestra disparidades en la frecuencia de la depresión. Alrededor del 22% de los profesores de lenguas adicionales en el Reino Unido experimentan un desgaste serio, mientras que solo el 1% de los profesores francófonos lo mencionan. Debido a las altas expectativas percibidas, el 55% de los profesores anglosajones piensa dejar la profesión, frente al 20% de los profesores franceses. Las dificultades de disciplina en el aula, el bajo estatus de esta área de conocimiento y la profesión, la falta de apoyo de los padres, las horas de trabajo excesivas y la intervención política son algunos de los factores que contribuyen a la infelicidad de los profesores (Travers y Cooper, 1996).

El caso británico merece especial atención en este sentido. El Brexit ha creado un clima político, cultural y educativo que implica cambios y restricciones importantes para ciudadanos, empresas y administraciones desde que el 1 de febrero de 2020 abandonara definitivamente la Unión Europea. El Brexit ha dibujado un panorama para las lenguas extranjeras en el Reino Unido que puede calificarse de incierto y ha supuesto un verdadero choque cultural y educativo. La Comisión Europea ya publicó en 2019 que el Reino Unido era el país con menos hablantes de lenguas extranjeras, cuestión que no es sorprendente si consideramos que la lengua inglesa actúa a nivel global como lingua franca.

En el ámbito educativo, siguiendo a Bowler (2020), falta profesorado de lenguas extranjeras bien formado en Primaria y Secundaria. En Primaria, muchas veces son maestros de otras materias con escaso conocimiento del español (o cualquier otra lengua extranjera) y con un tiempo muy limitado semanalmente a esta materia. En Secundaria se habla de currículos y materiales obsoletos, con gran foco aún en la traducción. También se constata la dificultad de pasar los *ALevels* (equivalente a la EBAU española) cuando se opta por una lengua extranjera, a diferencia de otras materias, lo que parece no ser un buen estímulo.

El último informe del *University Council of Modern Languages* y de la *Association of University Language Communities in the UK & Ireland* (Critchley *et al.*, 2021), sobre la oferta de lenguas modernas en universidades del Reino Unido en 2021 permite dibujar un panorama complicado, aunque se están ideando soluciones creativas por parte de las propias universidades para paliar los efectos del Brexit. En este sentido, parece haberse acelerado un proceso que se había iniciado con anterioridad sobre el declive de las lenguas extranjeras en este país al que se suman factores capitales como la salida del programa de internacionalización Erasmus+ (reemplazado por el Programa Turing, duramente criticado por los gobiernos de Escocia y Gales por la privación de oportunidades para el intercambio y la cooperación de alumnado y profesorado). A esto hay que añadir toda una serie de reestructuraciones universitarias que incluyen el cierre y reducción de programas lingüísticos que implican un gran coste presupuestario.

Wieczorek (2016) llevó a cabo un estudio de seguimiento en Polonia que utilizó la investigación cualitativa para determinar los factores relacionados con el malestar docente entre los profesores de lenguas extranjeras. El estudio utiliza entrevistas semiestructuradas basadas en el enfoque Piechurska-Kuciel con una muestra de 25 participantes de diferentes niveles de enseñanza (primaria, secundaria, universidad, pública y/o privada). Los hallazgos distinguen dos categorías de elementos: aquellos que causan inquietud en los docentes, sin importar la materia enseñada y aquellos que tienen un impacto distinto en el bienestar en el aula de idiomas extranjeros. En esta última categoría se encuentran:

— Grupos heterogéneos: enseñar a grupos con diferentes niveles de competencia puede generar problemas, lo que puede conducir a comportamientos desfavorables hacia el curso, el profesor y los compañeros.

— Falta de recursos y materiales: la escasez de recursos, como la falta de reproductores de audio para los ejercicios de audición, puede generar tensiones entre los profesores.

— Enseñanza de la competencia oral: la enseñanza de la competencia oral es la tarea más exigente porque requiere que los estudiantes desarrollen habilidades comunicativas y controlen su ansiedad mientras participan en actividades de expresión oral.

— La enseñanza de la gramática presenta desafíos debido a las diferencias lingüísticas entre la gramática polaca y las de una lengua extranjera, y los docentes muestran su deseo de dedicar más tiempo a la enseñanza.

— Aplicación de nuevos materiales: los docentes están descontentos porque no están preparados para manejar y comprender los nuevos materiales didácticos.

Incluso en grupos heterogéneos, según este trabajo, estas características son el resultado de inhibiciones individuales y sentimientos de escasa autoestima hacia la competencia lingüística. Según el estudio, los profesores de Lengua extranjera experimentan frecuentemente estrés debido a preocupaciones sobre la pronunciación, la falta de vocabulario, las faltas gramaticales y la necesidad de comunicarse únicamente en la lengua extranjera. Wieczorek (2016), sin embargo, destaca que muchas de estas preocupaciones son injustificadas porque no hay pruebas de que la técnica de enseñanza de idiomas sea inadecuada; en cambio, estos problemas surgen de las actitudes sociales (familias, alumnado y compañeros) hacia la asignatura de idioma extranjero y la profesión docente.

EL BIENESTAR DOCENTE DEL PROFESORADO DE LENGUA EXTRANJERA EN FORMACIÓN

Según las investigaciones realizadas por Nguyen (2013) y Nguyen y Hudson (2012), los profesores de idiomas en varios países se enfocan principalmente en la enseñanza teórica en los cursos universitarios. El prácticum es crucial en la formación inicial del profesorado, especialmente en la formación de profesores de enseñanza de idiomas, al brindar a los estudiantes experiencias prácticas y reflexión continua sobre sus roles y competencias. Esto tiene un impacto significativo en el desarrollo de la profesión docente posterior (Dang, 2013; Cruickshank y Westbrook, 2013).

El estrés emocional y psicológico significativo, la falta de apoyo social y los desacuerdos conceptuales sobre la enseñanza y el aprendizaje son algunos de los desafíos que los estudiantes han identificado durante la práctica en la comunidad educativa australiana (Wang y Odell, 2002). Algunas investigaciones sugieren que el prácticum puede causar estrés y aislamiento, a pesar de los beneficios de la tutoría para promover el aprendizaje de los profesores en prácticas. Capel (1997) lo relaciona con las pruebas y evaluaciones a las que se enfrentan los profesores en la vida real, tanto por parte de los tutores universitarios como de los tutores escolares. En ocasiones, el uso de la lengua extranjera como medio de enseñanza tiene un impacto negativo en el bienestar de los docentes de Lengua extranjera. Sin embargo, los estudios sugieren que un mayor apoyo de la sociedad y la comunidad educativa podría mejorar estos desafíos y evitar el agotamiento. Se ha demostrado que, como recomienda Nguyen (2013), las actividades de colaboración entre instructores en prácticas promueven el apoyo emocional y tienen un impacto positivo en la calidad de la enseñanza. El desarrollo de lugares para el discurso durante el prácticum se ha considerado especialmente crucial porque permite a los profesores en prácticas expresarse libremente. Según el estudio, los datos proporcionados deberían inspirar cambios pedagógicos en la capacitación de profesores principiantes, especialmente en la capacitación de profesores de idiomas extranjeros.

Debido a las técnicas intensivas que permiten a los profesores experimentar estados emocionales dispares, hemos visto que ser profesor de idiomas conlleva una variedad compleja de fuentes de estrés (Gregensen *et al.,* 2020; Gkonou *et al.,* 2020).

Gregensen *et al.* (2020) investigan los niveles de estrés en varios profesores de lenguas extranjeras utilizando un enfoque integral, evaluando las conexiones entre sus vidas dentro y fuera del contexto escolar. Este estudio ofrece resultados importantes porque demuestra que la presión del tiempo y la oscilación de las responsabilidades docentes son los factores más estresantes. Por otro lado, afirma que establecer y mantener relaciones interpersonales en el lugar de trabajo son esenciales para promover el bienestar de los maestros. De manera similar, Gregensen *et al.* (2020) argumentan que el ejercicio físico y la búsqueda y participación en actividades recreativas permiten a las personas desconectar de sus responsabilidades y explorar nuevas áreas de interés. Esto se debe a que las personas con un alto nivel de bienestar también tenían una mayor percepción de su salud. De igual manera, afirman que el hecho de que las percepciones del estrés diario de cada profesor mostraran fluctuaciones a lo largo del tiempo y el lugar sirve de advertencia a los estudios que pretenden medir las percepciones del estrés utilizando puntos únicos de recogida de datos, lo que demuestra la importancia del enfoque holístico en su estudio.

Jin *et al.* (2021) consideran importante tanto el tipo de lengua que se enseña como la etapa profesional. Por lo tanto, el estudio del bienestar docente considerado a mitad o final de carrera es bastante limitado. Según Wolf *et al.* (2015), los nuevos profesores experimentan mayores niveles de ansiedad. Por lo tanto, es fundamental prestar atención a los diversos ciclos vitales o carreras profesionales porque se enfrentan a diversas situaciones laborales a lo largo de su vida. Goodson (2008) destaca, siguiendo esta línea de investigación, que existen varios centros de gravedad en la vida de los profesores y que estos centros cambian con el tiempo. Esto significa que los profesores dedican mucha atención y esfuerzo a su vida profesional en momentos, pero también pueden transferir esa atención y esfuerzo a su vida privada en momentos diferentes (Jin *et al.*, 2021).

CAPÍTULO 6

CLAVES PARA LA PROMOCIÓN DEL BIENESTAR DOCENTE DEL PROFESORADO DE LENGUA EXTRANJERA

La eficacia del profesor, que se define como la creencia del docente en su competencia para planificar y ejecutar los cursos de acción necesarios para llevar a cabo con éxito una tarea docente específica en un entorno específico (Tschannen-Moran *et al.*, 2001), juega un papel importante en la eficacia de la enseñanza.

La enseñanza de idiomas no solo implica la transmisión de información, sino también la comunicación y el afecto. Los profesores que están entusiasmados, involucrados con los estudiantes, recompensan los logros y son amables y pacientes mejoran el bienestar de los estudiantes.

Jennings y Greenberg (2009) enumeran algunas características de un buen docente, incluido el tono emocional, el respeto por los turnos, la promoción de modelos prosociales, la preocupación por las relaciones con los estudiantes, la estimulación de la conversación y el desarrollo de habilidades sociales y emocionales.

Sue Roffey (2011) sostiene que los docentes que muestran autoestima, respeto por los demás y disposición a escuchar crean un entorno de aprendizaje cooperativo y receptivo. Afirma que los instructores social y emocionalmente competentes suelen reaccionar de forma constructiva en situaciones de crisis. La efectividad de la docencia está relacionada con la creación de entornos de aprendizaje agradables que se caracterizan por un bajo nivel de conflicto, transiciones suaves, expresión adecuada de las emociones, comunicación respetuosa, resolución eficaz de problemas, participación en las tareas y apoyo a las diversas necesidades. Estos profesores también crean programas de aprendizaje individualizados teniendo en cuenta que cada estudiante se encuentra en situaciones de comportamiento diferentes. Los docentes pueden promover el desarrollo integral y contribuir a aumentar el bienestar general al fomentar la resiliencia de los estudiantes y brindarles ambientes en los que se sientan cómodos (Roffey, 2011).

Friedman y Kass (2002) describen dos ámbitos fundamentales de la profesión, a pesar de que las actividades docentes muestran diversidad y pluralidad. En primer lugar, el ámbito del aula, donde los profesores infunden y ayudan a los estudiantes, actuando principalmente como educadores y guías. En segundo lugar, el ámbito escolar, donde trabajan juntos para crear un marco organizativo. Los autores sugieren que es responsabilidad de los educadores crear ambientes de aprendizaje positivos mediante la promoción de la comunicación efectiva, el bienestar, la asertividad, la integración social y los sentimientos positivos de permanencia, apoyo y seguridad en la escuela. Según este estudio, los docentes no solo sirven como educadores y mentores para los estudiantes, sino que también juegan un papel importante en establecer conexiones efectivas entre los centros educativos.

La *Commission for Children and Young People* (2004) realizó una encuesta a 430 participantes de 4 a 19 años para determinar sus principales preocupaciones. La relación que tenía con sus maestros o profesores era el factor que más influía en su bienestar en la escuela. Los participantes hicieron hincapié en la importancia de tener buenos maestros, indicando que se trata de un elemento clave que motiva a los estudiantes a asistir a la escuela. Las características que se consideraban ideales para un profesor bueno incluían:

— Aprecio de todos los estudiantes: a los estudiantes les gustan los maestros que son amables y sociables. Los niños sufren debido a la actitud desagradable y antipática de los profesores.

— Mantener el orden: los intentos de ejercer la autoridad mediante la dominación suelen fracasar y no contribuyen al desarrollo del autocontrol de los estudiantes.

— Respetar a los estudiantes: sentirse respetado significa sentirse valorado por los docentes, lo que incluye abstenerse de denigrar o hablar mal de los demás, especialmente de los compañeros.

— Crear expectativas positivas: concentrarse en comportamientos positivos que serán recompensados es más motivador para los estudiantes que una lista de no-hacer y castigos.

— Los estudiantes relacionan sus emociones con las de sus profesores. Los docentes alegres y optimistas tienen un impacto positivo en el entorno escolar

— Permitir que todos los estudiantes se sientan cómodos: un profesor competente brinda apoyo sin hacer que los estudiantes se sientan inferiores por hacer preguntas o no entender las cosas a la primera.

— El humor: el alumnado valora el humor de los profesores porque reduce la tensión y ayuda a mejorar el clima de la clase.

— Los alumnos aprecian a los profesores que evitan gritar, y la claridad al expresar los pasos de la tarea es esencial para la comprensión. Hablar despacio y con calma ayuda a la salud metodológica del aula.

— Imparcialidad: el favoritismo se considera tóxico y perjudicial para crear transparencia y confianza, pero los profesores imparciales y justos se elogian y respetan.

Hattie (2009) destaca su trabajo dentro de este marco teórico, que proporciona directrices importantes para brindar una educación de alta calidad basada en el bienestar holístico. Se recomienda a los profesores que proporcionen criterios y objetivos claros para las clases, que busquen la opinión de los estudiantes para evaluar la consolidación de los contenidos y que creen lugares donde los errores sean oportunidades para aprender, fomentando la confianza de todos los participantes en la capacidad de (re)aprender y (re)explorar el conocimiento. Este aspecto es particularmente importante en las aulas de idiomas extranjeros, donde una corrección mal administrada puede dañar gravemente la confianza y el bienestar de los estudiantes.

Martin (2006) y Martin y Dowson (2009) recomiendan inculcar la idea de récords personales en los estudiantes para motivarlos a competir con sus propios logros en lugar de compararse con sus compañeros. Además, factores como un sueño adecuado y la participación de las familias en establecer rutinas de sueño adecuadas son cruciales para el bienestar de los estudiantes. Se ha demostrado que las técnicas de aula democráticas e inclusivas mejoran la calidad de la enseñanza, promueven el bienestar y mejoran los resultados conductuales, mientras que las técnicas autoritarias reducen el bienestar de los estudiantes y los profesores. El estudio destaca la importancia de unas familias o cuidadores atentos, responsables y adaptables para promover estrategias basadas en el bienestar, haciendo crecer a niños independientes, iniciativos, compasivos y adaptables.

EMOCIONES EN EL PROFESORADO Y EN EL AULA

Las emociones negativas, como el miedo, la ansiedad o el malestar, pueden causar un estado de alerta continua. El miedo puede influir en una variedad de procesos biológicos, como problemas de sueño y un aumento de los niveles de cortisol, que tienen un impacto significativo en la salud física, mental y emocional. Roffey (2013) afirma que el miedo suele ser una respuesta biológica involuntaria o incontrolable que prepara al organismo para huir del peligro. Desencadena reacciones biológicas, como la producción de hormonas de estrés como la adrenalina y activa la amígdala en el cerebro, que inicia procesos emocionales para la supervivencia. La preocupación puede afectar negativamente a las personas, causando más malestar e hipersensibilidad. Para reducir el miedo, Roffey (2013) destaca la importancia de tratar las emociones provocadas por el miedo, conocidas como secuestro emocional, mediante meditación introspectiva antes de responder a los problemas psicológicos.

Cuando los profesores perciben una serie de amenazas en el entorno educativo, suelen sentir miedo. Estas ansiedades pueden surgir de las interacciones con los estudiantes, las obligaciones profesionales, las funciones de liderazgo o las interacciones con los colegas. Por ejemplo, los profesores que trabajan en sistemas escolares autoritarios pueden temer más a sus propios alumnos que a sus propios jefes. Sin embargo, muchas preocupaciones dentro de la profesión docente se fundamentan en la exploración de lo desconocido, lo que genera malestar cuando los educadores salen de su zona de confort sin sentirse preparados para manejar diversas circunstancias y emociones dentro del aula y la escuela. Según el estudio de Roffey (2013), las preocupaciones más comunes de los profesores son:

— Miedo a no poder decidir qué hacer.
— Miedo a parecer ignorante o poco astuto.
— Miedo a compartir hechos o experiencias personales que puedan dañar a alguien.
— Miedo a no tener las herramientas necesarias para manejar y superar los conflictos.
— Miedo a perder el control sobre sí mismo (por ejemplo, sollozos o ira).
— Miedo a perder la consideración de los demás.
— Miedo a perder la capacidad de dirigir la clase.
— Miedo a creer que alguien ha elegido la carrera incorrecta.
— Miedo a que los alumnos y colegas lo vean como un mal profesor.
— Preocupación ocasional por la seguridad personal, como el peligro de ser agredido físicamente por los estudiantes.

Además del miedo, los profesores suelen estar frustrados, especialmente aquellos que están entusiasmados con la educación y sus alumnos. La frustración puede causar una sensación de fracaso constante, lo que puede generar desesperación y el deseo de rendirse. Al hacer que los profesores piensen que deben enfrentarse a muchos contratiempos para funcionar de manera óptima, esta emoción tóxica destruye los climas positivos de aprendizaje. Las razones más comunes para sentirse frustrado incluyen:

— Creer que las acciones no se llevan a cabo de acuerdo con el plan fijado por el centro, departamento o grupo colegiado.
— Sentir que nunca hay suficiente tiempo para terminar todas las actividades.
— Pensar que las personas no valoran su trabajo.
— Sentir que no están cumpliendo con los requisitos del programa.
— Sentir que su energía y creatividad se han agotado.
— Considerar que los niños no hacen preguntas.
— Imaginar que el apoyo moral esencial o no está disponible.

Además, los educadores pueden encontrarse en situaciones en las que la ira se convierte en una emoción predominante, especialmente cuando sienten que alguien está siendo tratado injustamente. Roffey (2013) propone que los profesores actúen como personas ambivalentes, inculcando en los estudiantes el pensamiento crítico para que sean conscientes de sus comportamientos en lugar de responder con agresión personal. Los formadores de profesorado proponen varias soluciones para superar estos problemas emocionales:

— Adoptar una visión realista: darse cuenta de que las preocupaciones suelen ser percepciones falsas o ficticias y abordarlas con conciencia reflexiva.

— Redefinir la lente: enfocarse en lo bueno en lugar de lo malo para promover el bienestar y las acciones buenas.
— Reorientación: desviar las amenazas hacia el exterior y entender las razones detrás de un comportamiento inaceptable en lugar de atacar personalmente.
— Pensar en todas las opciones: no concentrarse en las interpretaciones del peor de los casos en diferentes situaciones.

Roffey (2013) destaca que fomentar la confianza a través de rutinas positivas y el bienestar de los profesores es el método más efectivo para combatir su ansiedad y el miedo. Incluye:

— Afrontar los desafíos del aula con optimismo.
— Reconocer que la mayoría de los estudiantes vienen a la escuela para estudiar, aunque algunos tengan grandes problemas en casa que los estresan.
— Comprender que un individuo, como profesor, no puede controlar constantemente el comportamiento de los demás (alumnado).
— Identificar a las personas o grupos que brindan apoyo, colaboración y colaboración con otros profesores.

Además, Roffey (2013) recopila las expresiones de respeto y confianza de los estudiantes para promover relaciones productivas:

— Mostrar compasión por un día difícil.
— Prestar ayuda siempre.
— Permitir que se quede solo un momento.
— Enfatizar el poder del individuo sobre sus acciones.
— Afirmar que la persona tiene la capacidad de calmarse o tomar el control.
— Enfatizar la importancia del crecimiento en el aprendizaje.
— Promocionar la fuerza de las buenas relaciones

Roffey (2013) afirma que las relaciones sanas en las escuelas se basan en el respeto mutuo, la confianza, la honestidad, la equidad, la igualdad, el cuidado, las conexiones estables, la comodidad, la completa aceptación de uno mismo y la comunicación libre y adecuada. Los compañeros tienen un gran impacto en el bienestar y la confianza en uno mismo. El apoyo de los colegas, junto con su apoyo a las actividades de instrucción, contribuye a crear un ambiente de enseñanza agradable y cómodo, lo que aumenta el bienestar del profesor y la calidad de la enseñanza. Debido a que los niños observan y aprenden de las interacciones de los profesores, es fundamental establecer relaciones con colegas afines. Demostrar sentido del humor, afecto y compasión crea un entorno con alta inteligencia emocional y relaciones sociales genuinas. Los profesores deben mostrar perseverancia en los conflictos y dar una respuesta sensata a las situaciones desagradables. En este sentido, Miller (1994) enfatiza que los docentes son los principales responsables de gestionar los problemas y hacer frente a las situaciones críticas dentro de las escuelas, y enfatiza que deben asumir personalmente la responsabilidad.

En este contexto, Rogers (2006) propone tres factores que establecen las interacciones en los centros educativos:

1. Apoyo profesional: esta dimensión incluye la puesta en común y el intercambio de conocimientos, recursos, estrategias y preocupaciones entre instructores. El trabajo en equipo, los grupos de apoyo, las iniciativas de resolución de conflictos y la creación de nuevos métodos ayudan a establecer relaciones positivas entre compañeros, lo que ayuda a reducir el estrés y el agotamiento.

2. La dimensión de apoyo estructural incluye aspectos relacionados con las políticas escolares, los procedimientos, los procesos y la disponibilidad de recursos. Es fundamental una comunicación efectiva y los profesores deben involucrarse activamente en el desarrollo y transformación de las políticas escolares.

3. Apoyo moral: una técnica esencial para aliviar la sensación de aislamiento profesional que experimentan muchos instructores es el apoyo moral. Este tipo de apoyo implica enviar un mensaje a los demás con la expectativa de acciones mutuas, destacando el carácter compartido de los problemas a los que se enfrentan las personas en su vida profesional y personal. Aceptar la falibilidad personal permite admitir y resolver las propias fallas, lo que promueve un entorno en el que los errores de los demás sean igualmente aceptados, según Rogers (1999). Por ejemplo, en situaciones difíciles, algunos educadores recurren a expresar sus críticas en las aulas. Sin embargo, en lugar de fortalecer las relaciones entre compañeros, este mecanismo de afrontamiento puede irónicamente disminuir. Esta táctica no solo no fomenta una responsabilidad compartida en la solución de problemas, sino que también fomenta una sensación de impotencia y, en ocasiones, de victimización. En situaciones extremas, un discurso constante y duro dirigido contra los niños y las familias puede tener un impacto significativo en los valores y actitudes de los educadores entre iguales, lo que subraya el papel crucial de los líderes escolares en el tratamiento de estas cuestiones. En consecuencia, la estrategia recomendada consiste en sentir empatía hacia los compañeros en situación de crisis sin involucrarse ni involucrarse de manera efectiva en los problemas que enfrentan.

Rogers (2006) recoge también los puntos de vista de los líderes educativos sobre cómo facilitar la conectividad del personal escolar. Los líderes educativos sugieren estrategias específicas para crear una sensación de cercanía entre los miembros del personal de la escuela y atraer a aquellos que inicialmente no están interesados a unirse. Las siguientes son las medidas sugeridas:

— Establecer un lugar donde el personal docente se sienta cómodo y sea recibido.
— Estar con los compañeros de trabajo, entablar conversaciones y establecer relaciones con aquellos con los que no se encuentra con frecuencia. Considerar su bienestar.
— Demonstrar un verdadero interés por la vida de sus compañeros de trabajo además del trabajo, como la familia o las vacaciones, sin intenciones despectivas.

— Compartir una anécdota o experiencia divertida sin menospreciar a nadie. El humor ayuda a establecer relaciones positivas, mantener el grupo unido y aliviar las tensiones a través de la risa.

Después de este apoyo moral, los estudios destacan que los sentimientos de confianza y respeto están asociados con relaciones sociales saludables (Roffey, 2005, 2007, 2008). Los hallazgos de la investigación muestran que los aspectos positivos del trabajo se ven afectados en entornos laborales estresantes. Esto se agrava cuando los centros adoptan una cultura de apatía hacia comportamientos indeseables, como la grosería o el egoísmo, especialmente en la sala de profesores. Es fundamental fomentar el respeto y la comprensión de los comportamientos aceptables dentro de la sala de profesores para establecer conexiones sólidas. Mientras se espera que los estudiantes de la clase se atengan a la resolución de conflictos, es un grave error ignorar las normas fundamentales de comportamiento entre adultos. Para aumentar la cohesión social frente a la controversia, se promueve una política sana, en la que todos los miembros reconocen sus puntos fuertes y débiles para establecer un terreno y objetivos comunes. El respeto también implica reconocer y valorar el trabajo y los logros de los compañeros.

Hargreaves (1997) sostiene que la confianza se basa en la previsibilidad y la seguridad de que se puede confiar en que alguien esté dispuesto a ayudar. Cree que, si alguien se queja constantemente de sus compañeros, su confianza en ellos disminuye porque se preocupa por posibles críticas. Cuando el personal comparte su filosofía y valores declarados, fomentando la colaboración, el apoyo y el aprendizaje colaborativo, se desarrolla la confianza en los centros educativos. Se destaca que los colegios deben promover y adoptar políticas colectivas basadas en la confianza y el bienestar porque depender de una sola persona para estas actividades puede erosionar la confianza y el bienestar cuando esa persona no está.

RESILIENCIA Y AFECTIVIDAD

Schutte *et al.* (2007) realizaron un metaanálisis que examinó la relación entre la inteligencia emocional y la salud. El estudio concluyó principalmente que las personas con mayor inteligencia emocional tienden a tener una mejor salud mental, física y mental. Una conexión entre la inteligencia emocional y la felicidad general en la vida se ha demostrado en otros estudios (Bar-On, 2000; Extremera y Fernández-Berrocal, 2005; Gignac, 2006). Al lidiar con las emociones en el lugar de trabajo, las personas con una inteligencia emocional elevada experimentan menor grado de malestar y dificultades físicas (Mikolojczak *et al.*, 2007).

Oginska-Bulik (2005) realizó un estudio en el que participaron profesores, enfermeras y trabajadores sociales con altos niveles de estrés. Se descubrió que las personas con mayor inteligencia emocional tenían menos estrés laboral y mala salud. Gardner (2005) realizó una investigación más profunda sobre la relación entre la inteligencia emocional y las consecuencias del estrés. Encontró conexiones con varios factores, como la salud psicológica, la salud física, la satisfacción laboral, el control emocional, las interacciones familia-trabajo y los conflictos. Un análisis práctico del curso de capacitación de Gardner demostró que es efectivo para ayudar a las personas a manejar los efectos del estrés en el lugar de trabajo y promover el bienestar general.

Sin embargo, es importante destacar que, aunque la investigación actual indica que la inteligencia emocional es beneficiosa, no hay suficientes pruebas empíricas sobre su desarrollo. Se cree que la inteligencia emocional puede cultivarse y fortalecerse, lo que podría ayudar a la escuela y a los niños y aumentar el bienestar y la inteligencia emocional de los instructores. En una investigación realizada en Bélgica por Van Houtte (2006), se examinaron los niveles de satisfacción laboral de 711 profesores de secundaria y se encontró que la asignatura que se les impartió tenía un mayor impacto en los niveles de satisfacción laboral que las características demográficas. Los docentes que tenían asignaturas más prácticas tenían mayores niveles de satisfacción, así como los que tenían confianza en sus alumnos.

Las interacciones positivas entre colegas, el intercambio de recursos y el estímulo mutuo para adoptar estrategias docentes innovadoras aumentan la satisfacción laboral de los profesores, según otros estudios sobre la satisfacción laboral (Huang y Waxman, 2009). Además, la autonomía en la elección de enfoques didácticos y una supervisión limitada son dos factores importantes que contribuyen a una alta satisfacción laboral. La libertad percibida, la igualdad de género y la colegialidad son los componentes clave identificados en este estudio para aumentar la satisfacción de los profesores.

Sue Roffey (2013) compara el trabajo docente con estar en el escenario sin guion durante largos períodos de tiempo. Afirma que ignorar el bienestar personal puede llevar a los profesores a recurrir a comportamientos y conductas primarios cuando las circunstancias se desvían de los planes. Sugiere las siguientes actividades dentro y fuera del aula para fomentar el bienestar y la resiliencia:

— Ejercicio: el ejercicio físico alivia el estrés y la irritabilidad. Algunas escuelas ofrecen clases de yoga, defensa personal o danza para mejorar el bienestar.
— Gestión del tiempo: dedicar tiempo al ocio es esencial para mantener el equilibrio y reducir significativamente el estrés.
— Bienestar social: la resiliencia depende del apoyo social y del sentimiento de pertenencia. La conexión con los compañeros mejora el bienestar general de la comunidad educativa y rompe barreras. Según Miller (1996), la soledad se considera una emoción dañina que daña las conexiones productivas, la resiliencia y el bienestar.
— Fomentar la risa: en los entornos educativos, la risa alivia la tensión, reduce el estrés, fomenta el afecto y fomenta la colaboración entre los maestros. Se destaca que la sátira no beneficia tanto el bienestar social como compartir una experiencia divertida sobre uno mismo.

— Enfoques positivos: destaca el valor de mantener objetos o tarjetas como recordatorios positivos. Los profesores pueden trabajar la inteligencia emocional, fomentar la asertividad y la resiliencia en el salón de clases al aprender lecciones de experiencias negativas.

Roffey (2013) reconoce que la sobreprotección de los alumnos es una emoción poderosa a la que los profesores no dedican mucha atención. Los profesores pueden llegar a preocuparse demasiado por sus alumnos, por lo que es necesario tener una perspectiva equilibrada en este sentido. También comparte un estudio de caso que destaca la dificultad de combinar la necesidad de un plan de acción completo basado en la comunidad con la empatía.

POLÍTICAS ESCOLARES Y BIENESTAR

El Departamento de Educación Inglés (DfES, 2005b) reconoce que los profesores veteranos pueden aburrirse e ignorar las políticas escolares acordadas. Los directores tienen la responsabilidad de enseñar a los profesores los principios de la escuela y promover su adhesión constante a ellos. Para mantener un comportamiento positivo estable, se recomienda un refuerzo regular, idealmente cada dos o tres semanas. Además, los profesores deben trabajar juntos para abordar estos problemas y transmitir mensajes positivos tanto en el aula como fuera de la escuela si un grupo de alumnos muestra comportamientos problemáticos.

La investigación dirigida por Greenberg *et al.* (2003) enfatiza la necesidad de planes integrales de bienestar en las escuelas. Aunque las herramientas y los programas pueden mejorar inicialmente el bienestar, es necesario un compromiso continuo con las políticas de bienestar para mantener estos efectos a lo largo del tiempo. Es necesario reemplazar la tendencia de clasificar a los grupos como problemáticos o de riesgo por un enfoque basado en técnicas universales que fomenten el bienestar de los docentes. Según estudios (Bond *et al.*, 2001; DfES, 2005c; Greenberg *et al.*, 2003; Rowling, 2005; Weare, 2000), los mejores resultados se obtienen cuando los profesores reconocen el impacto de sus acciones en el bienestar de sus alumnos.

El aumento de los estudios sobre el bienestar ha demostrado que los centros educativos son cada vez más cruciales para abordar problemas sociales como la exclusión y las dinámicas de comunicación inadecuadas. Roffey (2013) destaca la importancia de promover el bienestar docente para crear entornos de aprendizaje más activos, conectados y menos estresantes. Varios estudios de investigación han destacado la importancia de implementar enfoques centrados en el ser humano. Estos incluyen: promover la seguridad escolar puede reducir el acoso (McGrath, 2006); enfatizar los aspectos sociales y emocionales puede mejorar el clima en las aulas (Sugai y Horner, 2002); y reconocer cómo las relaciones influyen en la motivación de los estudiantes (Hattie, 2009; Martin y Dowson, 2009).

Se cree que es más efectivo anticipar y abordar los desafíos escolares antes de que surjan (Mountford, 2006; Mooney *et al.*, 2009). Para obtener resultados más positivos, se aboga por una aplicación holística de estos enfoques en toda la escuela en lugar de enfocarse en grupos específicos (Pianta y Walsh, 1996; Hromek, 2004; Vreeman y Carroll, 2007; Roffey, 2008).

Para avanzar hacia un paradigma basado en el bienestar, se requiere una reevaluación de las familias, las responsabilidades de los docentes y el papel de la escuela en la promoción del bienestar personal y profesional. Roffey (2007) sostiene que las personas necesitan orientación para revisar sus creencias, lo que pone de relieve los problemas que plantea la aplicación de cambios en culturas escolares inicialmente resistentes al cambio. Incluso sin roles formales, el liderazgo es crucial para evitar problemas en las escuelas.

Los docentes que no tienen cargos formales de liderazgo pueden iniciar el cambio adoptando funciones de coaching o liderazgo, enfatizando los valores, las aptitudes y las actitudes que afectan el bienestar. El modelo de Roffey (2013) para líderes educativos o formadores incluye:

— Utilizar métodos basados en los puntos fuertes y las necesidades: demostrar interés por los puntos fuertes de los alumnos, estimular el pensamiento crítico mediante preguntas, replantear los comportamientos inadecuados como expresiones de necesidad, hacer hincapié en el papel del profesorado para guiar a los alumnos hacia el conocimiento, promover la pertenencia y la conexión, reconocer los errores como parte del aprendizaje, utilizar el modelo de inteligencias múltiples de Gardner (1983) y fomentar el humor.

— Promover estos métodos: hablar sobre la mejora de los alumnos y su bienestar en el aula o compartir artículos científicos sobre bienestar docente y su utilidad para la mejora de la vida.

— Cooperar con otros docentes: el trabajo en equipo promueve la inteligencia emocional, la resiliencia y el bienestar colectivo de los docentes.

— Es fundamental pensar en los comentarios de los estudiantes y los compañeros para seguir avanzando.

ESTRATEGIAS DESDE LA TEORÍA DE LOS YOES POSIBLES

Una de nuestras principales responsabilidades como formadores de profesorado es inculcar técnicas que capaciten a los estudiantes sin limitar su capacidad de imaginar y alcanzar sus aspiraciones futuras. Para desmantelar las actuales etiquetas sociales como cociente intelectual, estatus económico y social, género o etnia, que pueden beneficiar a algunos grupos y actuar como camisas de fuerza para otros, es necesario desarrollar habilidades de pensamiento crítico. Es esencial que los educadores de mañana trasciendan estas calificaciones al fomentar la conciencia de las habilidades humanas más allá de las clasificaciones sociales y motivarlos a actuar para una autorrealización transformadora. En este momento, es necesario hacerse una pregunta fundamental: ¿es suficiente aceptar las clasificaciones impuestas, especialmente si uno nace en una comunidad desfavorecida?

La teoría del yo futuro busca abordar estos problemas guiando a los futuros docentes a examinar sus creencias y autopercepciones. La teoría de los yoes posibles enfatiza los contextos sociales dialógicos e involucra a los educadores o tutores en la autorrealización de los futuros docentes. Esto ayuda a los educadores a crecer personalmente y mejorar su praxis, especialmente en entornos de apoyo y colaboración (Markus y Nurius, 1986; Markus y Ruvolo, 1989).

Durante la tutoría, incorporar el autoconocimiento y la investigación-acción permite a los profesores y futuros profesores de idiomas realizar una investigación sistemática de su desarrollo, lo que proporciona una visión de los cambios iniciados y fomenta enfoques basados en la capacitación humana. Según Markus y Ruvolo (1989), buscar el yo potencial provoca un cambio positivo y permite comprender las percepciones internas.

Además, según Fletcher (2000), la teoría de los yoes potenciales se aplica tanto a los objetivos positivos como negativos, e influye en los procesos de motivación al establecer objetivos específicos y enseñar a las personas a implementar acciones que estén en línea con sus yoes potenciales. Fletcher (2007) enfatiza las ventajas del proceso de autoconstrucción en la orientación profesional. Chipping y Morse (2006) defienden el uso de la teoría del yo potencial como un método transformador para enseñar a futuros profesores en prácticas, enfatizando los beneficios mutuos para mentores y alumnos.

El proceso de tutoría, que se caracteriza por un mayor nivel de seguridad y confianza, crea un entorno seguro para la transformación personal y profesional. La tutoría se convierte en un proceso de aprendizaje bidireccional que fomenta el crecimiento personal de mentores y alumnos. Este enfoque de trabajo en equipo requiere el apoyo de los mentores.

Se puede plantear una pregunta como: ¿cuáles son las habilidades que contribuyen al trabajo de profesor de lenguas extranjeras? Para comenzar a discutir los conceptos de la enseñanza de idiomas extranjeras entre los profesores en formación. Esta investigación puede tomar muchas formas, como provocar discusiones con imágenes o investigar los sentimientos de los estudiantes sobre diferentes enfoques de enseñanza. La aplicación de estas estrategias variará según la dinámica del aula. Esto depende de varios factores, como el número de estudiantes, los tipos de personalidad y la habilidad lingüística.

La investigación sobre la auto acción introduce la teoría de los yoes potenciales. El diálogo, centrado en el autoestudio, explora cómo se enseña a los estudiantes y cómo aprenden, profundizando en los futuros yoes potenciales de los profesores de idiomas.

¿Cuáles son mis valores profesionales fundamentales?; es la pregunta que abre el siguiente ciclo de preguntas.

INTELIGENCIA EMOCIONAL Y PRÁCTICAS REFLEXIVAS

El propósito del modelo de investigación-acción es superar los principios, habilidades y conocimientos profesionales actuales y servir como base para mejorar la práctica de la enseñanza de idiomas extranjeros. Como se mencionó anteriormente, la exploración emocional y la conversación son esenciales. Sin embargo, reflexionar sobre la identidad y el papel del profesor también es importante (Mezirow, 1991).

En este enfoque, el tutor juega un papel crucial como persona principal para comprender cómo los estudiantes avanzan en la construcción positiva de su yo potencial. El tutor se familiariza con los constructos que los futuros profesores de idiomas aspiran a encarnar durante sus prácticas externas y refuerza continuamente el modelo de investigación-acción.

Para abordar estos temas de manera completa, sugerimos una actividad: una presentación grabada en la que los profesores de idiomas en prácticas describan al profesor en el que quieren convertirse. Esta actividad proporciona información sobre los sentimientos de los estudiantes y sus progresos en relación con los objetivos pedagógicos. Puede complementarse con el visionado en clase y la discusión posterior entre compañeros, fomentando una experiencia positiva y motivadora para los profesores de idiomas.

Las ideas de Bartlett (1990) sobre la enseñanza reflexiva pueden aplicarse a la formación de profesores de lenguas extranjeras, promoviendo la autoconciencia y el intercambio interno y externo a través de esta metodología reflexiva. Las preguntas clave a considerar incluyen:

— ¿Cuáles son mis responsabilidades actuales y futuras como docente de lenguas extranjeras?
— ¿Cuáles son mis logros previstos?
— ¿Cómo llegué a mi empleo actual y qué contribuyó a su desarrollo?

Esta filosofía de enseñanza reflexiva implica cuestionar las formas tradicionales de enseñar y aprender. Los profesores reflexivos describen sus acciones, explican su razón para tomar decisiones, exploran alternativas e innovan.

Estos enfoques tienen como objetivo motivar a los futuros profesores de inglés a través de la teoría del yo potencial, ayudarlos a crecer personalmente y promover su capacidad para lograr cambios en su vida profesional (Guijarro, 2006; Al-Shehri, 2009; Dörnyei y Chan, 2013; Chan, 2014; Magid, 2014; Cho, 2015).

Las actividades se enfocan en la teoría del yo potencial mediante ejercicios narrativos en una lengua extranjera, especialmente en inglés, con el objetivo de motivar a los futuros profesores de idiomas a cambiar y autorreflexionar. Algunos ejemplos serían:

— Actividades para trabajar en el futuro:
  — Futuro exitoso: escriba una redacción narrativa en la que imagine un futuro exitoso como profesor de lenguas extranjeras.

— Futuro fracasado: escriba una redacción narrativa en la que imagine un futuro fracasado a pesar de haber trabajado duro.
— Futuro exitoso de otros: imagine y escriba sobre el futuro exitoso de un amigo.
— Actividades para reflexionar sobre el pasado:
— El pasado satisfecho: escriba un ensayo narrativo sobre un logro del pasado, describiendo los sentimientos que experimentó después de haberlo logrado.

La capacitación de los docentes de lenguas extranjeras debe incluir enfoques que aborden los desafíos actuales, como la diversidad (multi)cultural o el desarrollo de la inteligencia artificial (IA), que está poniendo en jaque muchas competencias del profesorado de lenguas adicionales y traductores e intérpretes.

Durante la formación inicial del profesorado, es crucial fomentar las habilidades reflexivas, el aprendizaje autónomo y la investigación-acción. Esto empoderará a los futuros docentes como actores capaces de incorporar estas cualidades en su práctica docente (Randi y Corno, 2005; Piechurska-Kuciel, 2011; Pérez Valverde, 2017).

Es pertinente incluir aquí el cuestionario elaborado por Tuncay (2002) a partir de los postulados de Goleman sobre inteligencia emocional. Se trata de un cuestionario que permite al profesorado de lengua extranjera autoevaluarse emocionalmente en base a competencias personales y competencias sociales en una escala Likert que va desde satisfactorio a necesita mejorar. A continuación, presentamos un modelo simplificado y traducido al español:

Tabla 3. Cuestionario de autoevaluación de la competencia emocional para el profesorado de lengua extranjera.

INTELIGENCIA EMOCIONAL: «Como profesor/-a de Lengua extranjera, soy capaz de...»	
DESTREZAS PERSONALES	
AUTOCONCIENCIA	
Conciencia emocional	Identificar mis emociones al enseñar al grupo meta y desarrollar mi comportamiento en consecuencia y seguir haciéndolo.
Autoevaluación correcta	Identificar mis puntos débiles y fuertes como docente y aprender de mi experiencia y reflexionar tanto como sea posible.
Autoconfianza	Ser asertivo y reflejar confianza en mí mismo al dar clase de lengua extranjera.
AUTORREGULACIÓN	
Autocontrol	Manejar mis emociones perturbadoras y no arruinar un ambiente de clase emocionalmente seguro.
Confianza	Admitir mis propios errores y construir confianza con los estudiantes en aras del éxito.
Conciencia	Creer que soy la única persona responsable de cumplir los objetivos de inglés como lengua extranjera en clase.
Adaptabilidad	Adaptarme a las situaciones cambiantes en clase y ser flexible con mis objetivos de enseñanza y las demandas de mis estudiantes.

INTELIGENCIA EMOCIONAL: «Como profesor/-a de Lengua extranjera, soy capaz de...»	
DESTREZAS PERSONALES	
Innovación	Buscar ideas innovadoras y cuestiones en la aplicación y gestión de mis clases de lengua extranjera y generar mis propias ideas de enseñanza.
AUTOMOTIVACIÓN	
Logro e impulso	Focalizarme en los objetivos preestablecidos y tener un fuerte impulso para alcanzar mis objetivos y estándares en el aula de lengua extranjera, y descubrir cómo mejorar el rendimiento de mis estudiantes.
Compromiso	Buscar con entusiasmo oportunidades para cumplir con las tareas de mi grupo de pares en lengua extranjera y ser consciente de mi sentido de propósito en una misión grupal.
Iniciativa	Insistir en perseguir mis metas en lengua extranjera más allá de lo requerido o esperado y aprovechar cada oportunidad para cumplir con mi trabajo.
Optimismo	Superar contratiempos inesperados con la esperanza del éxito en lugar del fracaso y llevar a cabo persistentemente mi objetivo de enseñanza.
CONCIENCIA SOCIAL	
Empatía	Entender las perspectivas de mis estudiantes y saber que de ese modo seré un profesor atento y comprensible.
DESTREZAS SOCIALES	
Influencia	Ser útil y persuasivo en relación con el aprendizaje y la adquisición de la lengua extranjera objeto de estudio por parte de mis alumnos y utilizar estrategias de lengua extranjera para brindar apoyo a los alumnos.
Communicación	Establecer un canal de comunicación muy complete con mis alumnos, escuchar atentamente y mantenerme abierto a la comunicación para buscar un entendimiento mutuo en cuestiones difíciles basadas en el aprendizaje.
Gestión del conflicto	En aras de las habilidades de expresión oral en lengua extranjera, fomentar la discusión abierta y debates preestablecidos y ser capaz de manejar situaciones difíciles surgidas en clase sin afectar las emociones de los estudiantes.
Liderazgo	Ser el líder de mi clase y guiar el desempeño de los estudiantes dando un buen ejemplo y despertar un entusiasmo común hacia el aprendizaje en lengua extranjera.
Catalizador del cambio	Reconocer el cambio en la clase o la actitud de los estudiantes hacia la lengua extranjera y motivar a los aprendices para que se adapten a los cambios en lengua extranjera.
Construir relaciones	Crear una relación sólida entre los estudiantes y mejorar la interacción entre el grupo de pares, así como fomentar buenas relaciones entre mis colegas.
Colaboración y cooperación	Colaborar y compartir cualquier información útil con mis colegas, y ser capaz de promover un clima amigable y cooperativo entre los colegas y mis estudiantes.
Habilidades grupales	Considerar la clase de lengua extranjera como un equipo e involucrar a todos los miembros del equipo en una participación activa y entusiasta en el trabajo y las asignaciones de un proyecto. Establecer objetivos de enseñanza por adelantado y proteger la clase y su compromiso.

Fuente: adaptación y traducción propia a partir de Tuncay (2002)

DESARROLLO DE HABILIDADES DE GESTIÓN DEL AULA DE LENGUA EXTRANJERA: UN ENFOQUE INTEGRAL

Los contenidos de gestión del aula deben integrarse en la formación inicial y continua del profesorado de lenguas adicionales para inculcar habilidades de atención a los educadores. Esta estrategia pedagógica se centra en tres temas principales: atención, motivación y compromiso de los estudiantes. Para que las técnicas de gestión del aula sean efectivas, es necesario incorporarlas durante las etapas iniciales de la capacitación docente. Las siguientes cuestiones importantes y los elementos relacionados son cruciales (López y Valls, 2013; Cardoso Pulido (2018):

1. Emociones, energía, imagen proyectada y autoaceptación: para cultivar este aspecto, es importante tener en cuenta varios componentes, como los ritmos de trabajo, con el fin de comprender y mejorar estas variables. El profesorado debe seguir de cerca el desarrollo del grupo, que está directamente vinculado a los objetivos establecidos al inicio del curso, como se ha indicado anteriormente. Los profesores también deben tener en cuenta su postura corporal. El lenguaje corporal es una valiosa herramienta que dinamiza y estimula el interés de los alumnos. Además, es crucial que los profesores adquieran la destreza de transmitir información de forma eficaz únicamente con su presencia física, como se subraya en la investigación sobre el bienestar docente (mostrándose accesibles, manteniendo un tono tranquilo y amable, mostrando un comportamiento positivo, compartiendo anécdotas humorísticas y fomentando la motivación, entre otras estrategias). Para mejorar la relación alumno-profesor y disuadir los comportamientos perturbadores, es imprescindible cultivar un clima emocional sano en el aula que dé prioridad al bienestar de los alumnos y garantice un trato equitativo al profesor. Para disuadir los comportamientos perturbadores, un enfoque eficaz consiste en establecer una serie de derechos de los alumnos, entre los que se incluyen: el derecho a cometer errores; la comprensión de que no gustarán a todo el mundo, y que eso está bien; el derecho a expresar sus emociones; el reconocimiento de que no pueden intimidar a los demás; y la comprensión de que deben tratar a los demás con respeto. Si deseamos abordar a fondo esta lista agresiva en el aula de idiomas, puede ampliarse en la lengua meta, aunque requiera tiempo de preparación, elaboración, supervisión y establecimiento de un compromiso psicológico.

2. Aumentar y mantener la motivación y concentración en el aula: el profesorado puede incorporar juegos y competiciones por equipos en su plan de estudios. El carácter lúdico de estas actividades capta rápidamente la atención de los alumnos. A la inversa, es importante organizar los argumentos para mejorar la capacidad de razonamiento y pensamiento crítico de los alumnos, ya que cada vez son más frecuentes respuestas de sí o no,

sin argumentación que las sostenga. Para facilitar un debate, es necesario establecer normas de actuación e interacción. Además, debe asignarse un tiempo específico para el debate de preguntas y respuestas, seguido de una evaluación realizada tanto por los alumnos como por el profesor.

3. Metas personales, autoestima y capacidad para resolver problemas: el propósito principal de establecer los objetivos y las metas del grupo-clase y de los individuos al inicio del curso es averiguar si los alumnos pueden conectar estos objetivos con sus propias metas personales, su autoestima y su capacidad para resolver problemas en situaciones de la vida real. Para fomentar una fuerte conexión entre las actividades del aula y las experiencias personales de los alumnos, los profesores deben conceder a los alumnos un nivel significativo de autonomía en su trabajo y diseñar tareas que giren en torno a la resolución de cuestiones prácticas, presentando así a los alumnos retos estimulantes.

4. Aumentar la autoeficacia, el esfuerzo y las creencias: el propósito de esta sección es abordar las cuestiones emocionales negativas en el aula relacionadas con las creencias de alumnos y profesores. A menudo, nos dejamos influir por nuestros pensamientos y tendemos a centrarnos más en las situaciones estresantes o negativas que en las que fomentan nuestro bienestar. La retroalimentación es el arma más potente de que disponen los educadores en el aula. Para que la retroalimentación sea positiva y tenga éxito, es necesario que cumpla unos parámetros específicos que alineen los sentimientos de eficacia entre alumnos y profesores. Para este propósito, hay algunas líneas de trabajo: a) se debe hacer hincapié en la motivación del alumno para aprender y en la cantidad de esfuerzo realizado; b) se debe evitar elogiar la inteligencia o el talento del alumno, ya que esto puede hacer que se vuelva complaciente; c) se debe evitar hacer comparaciones con otros alumnos; d) si se da alguna retroalimentación negativa, se debe equilibrar con aspectos positivos; y e) se deben aportar pruebas que respalden la retroalimentación.

Estas características y actuaciones deberían estar presentes en los profesores de idiomas y en otros espacios de aprendizaje de idiomas. Las estrategias de clima de aprendizaje positivo para la enseñanza de idiomas incluyen un énfasis constante en la lectura, el lenguaje, el arte y la cultura del idioma extranjero, así como una motivación persistente, la generación de interés y la relevancia de los contenidos.

En la formación inicial del profesorado, las iniciativas enfocadas en estos aspectos son cruciales para fomentar la autopercepción positiva, la motivación y la cohesión. El cuestionario de revisión del papel del tutor del profesor fue creado para facilitar la autorreflexión entre los profesores. A continuación, presentamos los diferentes aspectos divisados por López y Valls (2013: 142-143):

1. ¿Cómo me siento?: ¿Qué emoción generan tus clases en tus alumnos? ¿Y en ti? ¿Y tu asignatura? ¿Qué responderían ellos, uno a uno? ¿Qué puedes

hacer para conocer sus emociones y conseguir que estas se pongan al servicio del aprendizaje? ¿En qué medida se siente aceptado por ti cada uno de tus alumnos? ¿Y por sus compañeros? ¿Qué haces o puedes hacer para que todos se sientan aceptados? ¿Cuál es el nivel de energía que generas en tu clase? ¿Qué haces o qué puedes hacer para mantener un nivel de energía alto?

2. ¿Me interesa?: ¿Qué haces o qué puedes hacer para captar más la atención y que todos tus alumnos se sientan involucrados en el aula? ¿Qué haces o qué puedes hacer para garantizar la participación de todos? ¿Cómo podrías generar más movimiento en el aula para mantener la atención?

3. Me importa: ¿Qué haces o qué podrías hacer para ayudar a los alumnos a conocer sus retos y metas respecto a tu asignatura? ¿Cómo podrías conectar la asignatura con las metas y retos de los alumnos dentro y fuera del aula? ¿Cómo podrías ayudarles a ver la utilidad de lo que aprenden en su día a día, en la vida real?

4. ¿Puedo hacerlo?: ¿Qué hacer o puedes hacer para que valoren sus esfuerzos, sus avances ante sus propios retos? ¿Cómo podrías ayudarles a conocer sus creencias acerca de sí mismos? ¿Qué haces o podrías hacer para potenciar el esfuerzo? ¿Cómo podrías desarrollar el hábito de revisión de sus propias metas y retos?

ATENCIÓN PLENA: POTENCIAR LA AUTOPERCEPCIÓN DE LOS DOCENTES DE LENGUA EXTRANJERA

Para asegurarnos de que los futuros profesores de idiomas adquieran estrategias basadas en un pensamiento positivo, abierto, receptivo y consciente, nos concentraremos en métodos centrados en los procesos de autopercepción y evaluación de situaciones. Estas tácticas tienen como objetivo promover una orientación hacia el presente que sea libre de prejuicios y basada en la aceptación de uno mismo.

Las metodologías basadas en la atención plena, que consideramos especialmente útiles en la preparación de futuros profesores de lenguas extranjeras, están estrechamente relacionadas con estos objetivos. Dentro del aula de enseñanza de idiomas, las técnicas de atención plena ayudan a desmantelar las barreras psicológicas, abordar los miedos y reducir los juicios de valor. Además, fomentan la participación consciente que está en línea con valores sociales, emocionales y éticos. La investigación científica actual también ha demostrado que las actividades de atención plena mejoran los procesos cognitivos, el autodescubrimiento psicológico, la introspección espiritual y las habilidades prácticas (Beauchemin *et al.*, 2008; Bögels *et al.*, 2008; Roeser *et al.*, 2012; Roeser *et al.*, 2013; Fiore, 2016; National Council for the Accreditation of Teacher Education, 2016).

La profesión docente impone obligaciones y situaciones en las que la gestión emocional y la autoconciencia son esenciales. Estos rasgos mejoran el bienestar del docente y reducen los síntomas de angustia, ausentismo y dimisiones, especialmente entre los profesores nuevos (Pillay *et al.*, 2005). Mostrar emociones negativas o un comportamiento antisocial en el aula es malo porque da un mal ejemplo y fomenta el malestar y la desmotivación en la comunidad escolar, lo que resulta perjudicial en el contexto de enseñanza.

Podemos incluir contenidos que respalden los paradigmas basados en la atención plena en la formación del profesorado. Iniciar los debates con los futuros profesores de idiomas planteando preguntas pertinentes sobre la importancia de ciertas habilidades o disposiciones profesionales para una enseñanza de idiomas efectiva allana el camino para la introducción de la atención plena.

Para obtener una comprensión más profunda, se puede recurrir a la definición de Kabat-Zinn (1994), que dice que la atención plena es prestar atención de una manera particular: a propósito, en el momento presente y sin juzgar. La concentración intencional en el momento presente, la toma de conciencia relajada mediante breves ejercicios de respiración, la aceptación sin juicios de cada momento, la introspección de las sensaciones corporales, los pensamientos, los sentimientos y las imágenes mentales y el uso de la atención plena para fomentar emociones positivas hacia uno mismo y hacia los demás, expresadas en grupo, son actividades prácticas que pueden ayudar a profundizar en la atención plena.

Además, se puede considerar invitar a un experto en mindfulness para profesores de idiomas o sugerir la asistencia a conferencias y programas, en función de la motivación y la disponibilidad de tiempo. Estas iniciativas pueden incluir actividades semanales como cursos, programas y diarios de emociones, lo que ayuda a los futuros docentes a prepararse para el trabajo.

Este enfoque integral no solo ayuda a los docentes de lenguas extranjeras a crecer personal y profesionalmente, sino que también les brinda las herramientas necesarias para desarrollar relaciones enriquecedoras entre profesores y alumnos, empatía, entornos de aprendizaje positivos y una mejora de la salud, el bienestar y el compromiso de los maestros.

Cuando los profesores de lenguas extranjeras se enfrentan a nuevas situaciones, estas emociones positivas pueden perpetuarse como un estado cíclico, sirviendo como recurso cuando se aplican las ideas de investigación-acción a través de la autoconciencia y la perspicacia. Esto conduce a la satisfacción, el aprendizaje y la enseñanza eficaz de lenguas extranjeras.

Atención al cuidado físico

Mercer y Gregersen (2020) afirman que la enseñanza es una profesión estresante de manera inherente, pero que no todo el estrés es necesariamente malo, ya que, dependiendo de su naturaleza, para muchas personas puede llegar a ser un aliciente para el florecimiento. En este sentido, distinguen el *distress* o angustia, que es negativo;

el eustrés, que es positivo y el estrés tolerable que es el que afrontamos en nuestro día a día. La ausencia de estrés por completo no es deseable porque puede conducir a la apatía o el aburrimiento en un profesor.

Puesto que a todo el profesorado no le estresan las mismas cosas, lo importante en este sentido es que cada persona sea capaz de reconocer y controlar su zona de desarrollo óptimo de estrés. Mercer y Gregersen (2020: 106) ofrecen la siguiente actividad para que cada profesor pueda reflexionar sobre qué aspectos de su trabajo le estresan, de qué manera y conozca las causas de ese estrés. Con tal fin, diseñan la siguiente tabla para autoevaluarse:

Tabla 4. Auditoría rápida sobre mi estrés.

Situación	He experimentado esto recientemente	Eustrés (cómo me motivó y me dio energía)	Distress (cómo me hundió y me sobrepasó)
Trabajar con los colegas en un nuevo proyecto.			
Interactuar con los administrativos.			
Reuniones con familias o miembros de la comunidad.			
Corregir trabajos.			
Planificar tareas.			
Trabajar con nuevas tecnologías en el aula.			
Tratar con los problemas personales de mi alumnado.			
Trabajar con un área léxica que no domino.			
Otros			

Fuente: adaptación y traducción propia de Mercer y Gregersen (2020: 106)

Tras rellenar la tabla, plantean la revisión consciente de la misma y hacerse las siguientes preguntas (Ibid., 107):

— ¿Sientes que has encontrado un equilibrio entre sentirte desafiado, pero no abrumado?
— Para aquellos aspectos que encuentras agotadores, ¿hay pasos que puedas tomar para cambiar la naturaleza de la experiencia o reducir tu participación en ella?
— Para aquellos que encuentras energizantes, ¿cómo podrías aprovechar este tipo de experiencias dentro de los límites de tus otros compromisos?

Otro aspecto de importancia capital para controlar la somatización física del estrés emocional consiste en encontrar un balance entre el trabajo y la vida personal. Igualmente, se trata de una experiencia subjetiva que dependerá en gran medida de condicionantes psicológicos y contextuales como el nivel de implicación en el trabajo, la familia que atender o las redes de relaciones sociales (Guijarro *et al.*, 2021). Nuevamente, la creación de conciencia y autoevaluación sobre la importancia que damos a unos aspectos u otros de la profesión y de la vida privada se torna capital para redirigir aquellos ámbitos que generan estrés. Mercer y Gregersen (2020) proponen evaluar de cero a diez, según importancia, variables como familia, amigos, tiempo libre, enseñanza, investigación y servicio. Una vez que tenemos clara esa red, conviene reflexionar sobre cada ámbito y ver en qué medida podemos intervenir para mejorarlo o equilibrarlo.

La organización del tiempo es otro elemento clave para reducir el estrés porque el profesorado declara continuamente que tiene una enorme cantidad de trabajo que realizar en muy poco tiempo (Guijarro *et al.*, 2021). En este sentido, se torna clave el hecho de organizar el tiempo de manera efectiva estableciendo prioridades y fijando objetivos. Igualmente, hay que añadir el hecho de saber decir no a ciertos compromisos laborales que sobrepasan las propias funciones docentes. Algunas estrategias que proponen Mercer y Gregersen (2020) serían:

— Necesidad de utilizar una agenda de trabajo para asegurarse el control de todo lo que tenemos que hacer y que no aparecerán u olvidaremos tareas que acabarán estresándonos.
— Reconocer cuál es nuestro ritmo de trabajo óptimo y entender cuál es el mejor momento del día para hacer ciertas actividades o tareas.

Otra variable de vital importancia para el bienestar es el estado físico del propio cuerpo-mente donde el triángulo de la salud emerge: actividad física, nutrición y cantidad y calidad del sueño (Mercer y Gregersen, 2020). En este sentido, hay elementos clave como llevar una dieta equilibrada y saludade, hacer ejercicio físico y evitar el sedentarismo, desintoxicación digital, reducir el consumo de cafeína y alcohol, incrementar la ingesta de agua, dormir bien o generar emociones positivas. El ejercicio físico se torna especialmente importante porque todas las investigaciones revelan que ayuda al buen estado de ánimo, mejora la memoria y la capacidad de pensar y concentrarse, reduce el estrés y la ansiedad y mejora los dolores musculares.

Finalmente, cabe poner en valor elementos relacionados con la actitud consciente y plena en la vida. Actitudes como aprender a ralentizar el ritmo vital, ser conscientes de que la vida se articula en momentos presentes a los que debemos dar importancia y no estar continuamente anclados en el pasado o esperando un futuro mejor, así como desechar la práctica nociva de juzgarse implacablemente a uno mismo. Es decir, permitirse el tiempo de parar y reflexionar sobre la propia vida personal y la profesional en un dominio tan apasionante y exigente como es la enseñanza de las lenguas extranjeras.

Conclusiones

En las últimas décadas, la docencia ha despertado el interés de muchos psicólogos y educadores porque es una profesión que suele conllevar altos niveles de estrés y bajos niveles de bienestar profesional. El estudio del bienestar docente es importante porque las investigaciones han demostrado que los profesores con mayor bienestar enseñan con mayor eficacia y son más creativos, contribuyendo positivamente a su propio crecimiento personal, profesional y académico, así como al de sus alumnos.

De manera similar, reiteramos que el bienestar del profesorado tiene un impacto en su capacidad para establecer relaciones positivas con las partes interesadas, reducir los problemas de disciplina y motivación, mantener la salud física y mental y enseñar al máximo.

El bienestar docente no ha sido estudiado ni definido a fondo, según la revisión bibliográfica sobre el cuerpo documental de investigación. En este sentido, entendemos el bienestar docente como un estado emocional positivo que resulta de la combinación equilibrada de una serie de factores contextuales específicos junto con las necesidades y expectativas personales de los profesores. De manera similar, coincidimos con McCallum y Price (2016) en conceptualizar el bienestar docente teniendo en cuenta al individuo, lo que indica una naturaleza proactiva, humana y elástica en el bienestar docente. El bienestar es diverso y fluido, respetando las creencias, los valores, las experiencias, la cultura, las oportunidades y los contextos individuales, familiares y comunitarios a través del tiempo y el cambio. Todos aspiramos a ello, sustentado por creencias positivas, pero es único para cada uno de nosotros y nos da un sentido de lo que somos, que debe ser respetado.

La investigación de Aelterman *et al.* (2007) fue pionera en cambiar la tendencia del agotamiento, la depresión y la ansiedad de los profesores hacia el paradigma del bienestar docente. Anteriormente, la investigación se había limitado al síndrome de agotamiento y se había concentrado en los aspectos perjudiciales que afectan a los profesores. Utilizaron tres categorías para delimitar el bienestar docente: aspectos personales, profesionales y sociales en su modelo holístico de bienestar docente.

Por lo tanto, se demuestra que la experiencia docente es una piedra angular en la percepción del bienestar docente, aportando elementos clave como el hecho de que una mayor experiencia docente conduce a una mayor percepción del bienestar. Además, confirman que el apoyo social en el lugar de trabajo es uno de los elementos más cruciales para hacer frente a circunstancias que afectan el bienestar tanto personal como profesional. Además, señalan otros factores que influyen en la sensación de bienestar de los docentes y que no forman parte del contexto profesional, como la personalidad y el contexto de desarrollo personal. Estos factores pueden tener un impacto en la forma en que se afrontan las demandas sociales y en su propia práctica docente.

Estamos de acuerdo con Jin *et al.* (2021) cuando afirman que los profesores deben estar bien para enseñar bien, y para lograrlo, necesitan un apoyo sistemático e individualizado que les permita prosperar y enseñar al máximo de sus capacidades.

Según esta tendencia, el bienestar de los profesores se conceptualiza a través de una variedad de factores, incluido el propósito y el significado, el compromiso, la motivación, la competencia, ser buena persona, sentirse respetado, el optimismo, las relaciones positivas o la autoaceptación.

Por lo tanto, se recomienda examinar el bienestar de los profesores desde múltiples perspectivas holísticas, prestando especial atención a sus relaciones sociales y a las interacciones entre su vida personal y profesional, ya que las líneas que separan ambas esferas son muy difusas. De manera similar, los autores de la investigación resaltan la importancia de investigar el bienestar de los docentes en todas las etapas del desarrollo profesional, desde la formación inicial en las facultades de educación, hasta las etapas inicial, intermedia y final, ya que cada momento vital de una persona ejerce una influencia diferente sobre su percepción del bienestar.

Como se ha mencionado anteriormente, el bienestar docente opera, establece conexiones con varios sistemas e identifica complejas interacciones entre ellos. En esta línea de investigación destaca el estudio de Jin *et al.* (2021), que examina el bienestar docente del profesorado desde una perspectiva ecosistémica, siguiendo los postulados de Bronfrenbrenner (1979). Los subsistemas que establecen son los siguientes:

— El microsistema es el aula o la facultad donde se imparte la enseñanza.
— Las redes y las interacciones entre varios entornos, como la familia y el centro educativo, se conocen como mesosistemas.
— El exosistema incluye la organización del centro educativo y las influencias del contexto.
— Como macrosistema entendemos las áreas más extensas como la sociedad, la cultura y la política.
— El cronosistema tiene que ver con el valor del tiempo, como en la carrera docente, o la diferencia entre ser profesor durante los primeros cinco años, o serlo después de 25.
— El ontosistema consiste en el capital psicológico y el capital social que aporta una persona a su componente identitario relacionado con su profesión. Es

un ámbito clave porque navega de manera transversal a través del resto de los subsistemas y dota de herramientas de balance entre los desafíos que se encuentran y la respuesta que se les da.

Además, demuestran que el bienestar docente está en constante cambio y adaptación. Por lo tanto, es fundamental prestar una gran atención al capital psicológico y social, que son componentes esenciales del conjunto general de competencias existenciales. Por un lado, se describe el capital psicológico como un constructo de la psicología positiva que se enfoca en la gestión de los recursos psicológicos necesarios para hacer frente a los retos constantes del entorno laboral.

Jin *et al.* (2021) sugieren combinar el modelo de capital psicológico positivo HERO (Esperanza, Autoeficacia, Resiliencia, Optimismo) con el modelo PERMA: Emociones positivas, Compromiso, Relaciones, Significado, Realizaciones y también Bienestar físico. El modelo PERMA tiene una visión más eudemónica del bienestar. El modelo PERMA se amplía utilizando estos multimodelos para vincular los aspectos intrapersonales del capital psicológico con el bienestar subjetivo de los profesores; también destacan la relación recíproca entre la psicología de los profesores y su entorno laboral y agregan la salud física como un componente importante. Por otro lado, el capital social considera el bienestar de los profesores como un fenómeno social desde una perspectiva ecosistémica: cuanto mayor sea la comprensión, el apoyo y el reconocimiento de la sociedad, mayor serán los niveles de bienestar.

Sin embargo, debemos concluir este análisis enfatizando la idea discutida por muchos autores analizados en este estudio: que los límites y los recursos del modelo ecosistémico los define el individuo; es decir, que el capital social varía en función de cada profesor porque cada profesor tiene una percepción diferente de sí mismo y del mundo. Por lo tanto, el bienestar docente tiene dimensiones físicas, emocionales, mentales y espirituales que cada persona articula según su propia experiencia subjetiva. Este enfoque abre nuevas perspectivas para la investigación sobre el bienestar docente en una perspectiva intercultural en la que las ciencias humanas y sociales como la psicología, la antropología y la sociología deben dialogar con el carácter multidisciplinar de la enseñanza y el aprendizaje de lenguas extranjeras.

REFERENCIAS

AELTERMAN, A., ENGELS, N., VAN PETEGEM, K. y PIERRE VERHAEGHE, J. (2007). The well-being of teachers in Flanders: the importance of a supportive school culture. *Educational Studies, 37*(3), 285-297.

AIDA, Y. (1994). Examination of Horwitz, Horwitz, and Cope's construct of foreign language anxiety: The case of students of Japanese. *The Modern Language Journal*, 78, 155-168.

ALGOE, S. B. y HAIDIT, J. (2009). Witnessing excellence in action: the 'other-praising' emotions of elevation, gratitude, and admiration. *The Journal of Positive Psychology*, 4, 105-127.

ALMEIDA FILHO, J. C. (2001). O ensino de línguas no Brasil de 1978. E agora? *Revista Brasileira de Lingüística Aplicada, 1*(1), 15-29.

ALONSO TAPIA, J. (1991). *Motivación y aprendizaje en el aula. Cómo enseñar a pensar*. Madrid: Santillana.

ALONSO TAPIA, J. y CARTULA FITA, E. (2003). *A motivação em sala de aula: o que é como se faz*. São Paulo: Loyola.

AL-SHEHRI, A. S. (2009). Motivation and vision: The relation between the ideal L2 self, imagination and visual style, en Z. Dörnyei y E. Ushioda (Eds.), *Motivation, language identity and the L2 self* (pp.:164–171). Bristol, UK: Multilingual Matters.

ANDRÉS, V. (2000). La autoestima en el aula o la metamorfosis de las mariposas. En J. Arnold, *La dimensión afectiva en el aprendizaje de idiomas*. Madrid: Cambridge.

ARCO-TIRADO, J. L., FERNÁNDEZ-MARTÍN, F., RAMOS-GARCÍA, A. M., LITTVAY, L., VILLORIA, J. y NARANJO, J. A. (2018). A counterfactual impact evaluation of a bilingual program on students' grade point average at a Spanish university. *Evaluation and Program Planning*, 68, 81-89.

ARGYLE, M. (1993). Psicología y la calidad de vida. *Intervención psicosocial, 2*(6), 5-15.

ARNOLD, J. (Ed.) (1999). *Affect in Language Learning*. Cambridge: Cambridge University Press.

ARNOLD, J. y BROWN, D. (2000). Mapa del terreno, en J. Arnold (Ed.), *La dimensión afectiva en el aprendizaje de idiomas*. Madrid: Cambridge University Press.

ARNOLD, J. y FONCUBIERTA, J.M. (2019). *Atención a la dimensión afectiva en la enseñanza de español*. Madrid: Edinumen.

ASCH, S. E. (1951). Effects of group pressure upon the modification and distortion of judgment, en H. Guetzkow (Ed.), *Groups, leadership and men*. Pittsburgh, PA: Carnegie Press.

AUSTIN, E. J., SAKLOFSKE, D. H., y EGAN, V. (2005). Personality, well-being and health correlates of trait emotional intelligence. *Personality and Individual Differences*, 38: 547–558.

AUSTIN, V., SHAH, S. y MUNCER, S. (2005). Teacher stress and coping strategies used to reduce stress. *Occupational Therapy International 12*(2), 63-80.

BAR-ON, R. (2000). Emotional and social intelligence: insights form the Emotional Quotient Inventory, en R. Bar-On, y J.D.A. Parker

(Eds.), *The handbook of emotional intelligence* (pp.: 363-388). San Francisco: Jossey-Bass.

BARTLETT, L. (1990). Teacher development through reflective teaching, en J. Richards y D. Nunan (Eds.), *Second language teacher education* (pp.: 202-214). Cambridge: CUP.

BAUMRIND, D. (1996). *The Discipline Controversy Revisited*. Family Relations, 45(49), 405-414.

BEAUCHEMIN, J., HUTCHINS, T. L., y PATTERSON, F. (2008). Mindfulness meditation may lessen anxiety, promote social skills, and improve academic performance among adolescents with learning disabilities. *Complementary Health Practice Review, 13*(1), 34-45.

BEIJAARD, D., VERLOOP, N., y VERMUNT, J. D. (1999). Teachers' perceptions of professional identity: An exploratory study from a personal knowledge perspective. *Teaching and Teacher Education, 16*(7), 749-764.

BHAGWAN, R. (2002). Creating sacred experiences for children as pathways to healing, growth and transformation. *International Journal of Children's Spirituality*, 14, 225-234.

BIRD, T., ANDERSON, L., SULLIVAN, B. y SWIDLER, S. (1992). *Pedagogical balancing acts: A teacher educator encounters problems in an attempt to influence prospective teachers' beliefs*. Washington, DC: Office of Educational Research and Improvement.

BÖGELS, S., HOOGSTAD, B., DUN, L. V., SCHUTTER, S. D., y RESTIFO, K. (2008). Mindfulness training for adolescents with externalizing disorders and their parents. *Behavioural and Cognitive Psychotherapy, 36*(2), 193-209.

BOLÍVAR, A., DOMINGO, J. y FERNÁNDEZ, M. (2001). *La investigación biográfico-narrativa en educación*. Madrid: La Muralla.

BOND, L., GLOVER, S., GODFREY, C., BUTLER, H. y PATTON, G.C. (2001). Building capacity for system-level change in schools: Lessons from the Gatehouse Project. *Health Education and Behaviour*, 28, 368-83.

BOOK, C., BYERS, J. y FREEMAN, D. (1983). Student expectations and teacher education traditions with which we can and cannot live. *Journal of Teacher Education, 34*(1), 9-13.

BORDENAVE, J. y PEREIRA, A. (2004). *Estrategias de enseñanza y aprendizaje*. Petrópolis, R.J.: Editora Vozes.

BORG, S. (2006). The distinctive characteristics of foreign language teachers. *Language Teaching Research, 10*(1), 3-31.

BOTH, J., VIEIRA, J., NORIKO, C., FOGLIARINI, C. A. y FERRETI, A. (2013). Bem-Estar do Trabalhador Docente em Educação Física ao longo da Carreira. *Revista de Educação Física UEM, 24*(2), 233-246.

BOVELLAN, E. (2014). *Teachers' beliefs about learning Content and Language Integrated Learning (CLIL)*. Tesis doctoral, University of Jyväskylä (Finlandia).

BOWER, J.M. y CARROLL, A. (2017). Capturing real-time emotional states and triggers for teachers through the teacher wellbeing web-based application t*: A pilot study. *Teaching and Teacher Education: An International Journal of Research and Studies, 65*(1), 183-191.

BOWLER, M. (2020). A language crisis? High Education Policy Institute (HEPI). Report 123. Recuperado de: https://www.hepi.ac.uk/wp-content/uploads/2020/01/HEPI_A-Languages-Crisis_Report-123-FINAL.pdf

BOYLE, G. I., BORG, M. G., FALZON, I. M. y BALIONI, A. I. (1995). A structural model of the dimensions of teacher stress. *British Journal of Educational Psychology*, 65, 49-67.

BRIGHOUSE, T. (2002). *Passionate leadership*. Nottingham: National College for School Leadership.

BRITISH COUNCIL. (2014). *Languages for the future: Which languages the UK needs most and why*. London: British Council.

BRONFENBRENNER, U. (1979). *The ecology of human development*. Cambridge, MA: Harvard University Press.

— (1994). Ecological models of human development. *International Encyclopedia of Education, 2*(2), 37-43.

BROSH, H. (1996). Perceived characteristics of the effective language teacher. *Foreign Language Annals*, 29, 125-138.

BROWN, M. y RALPH, S. (1992). From time management to aromatherapy - orthodox and alternative in-service training strategies for managing teacher stress. *British Journal of Educational Psychology*, 65, 49-67.

BULLOUGH, R.V. (2008). *Counternarratives: studies of teacher education and becoming and being a teacher*. Albany, NY: State University Press of New York Press.

BUZÁN, T. (2001). *The power of creative intelligence*. London: Harper Collins.

BUTLER, J., y KERN, M. L. (2016). The PERMA Profiler: A brief multidimensional measure of flourishing. *International Journal of Wellbeing*, 6(3), 1-48.

BYRNE, J.; RIETDIJK, W. y PICKETT, K. (2018). Teachers as health promoters: Factors that influence early career teachers to engage with health and wellbeing education. *Teaching and Teacher Education*, 69, 289-299.

CALDERHEAD, J. y ROBSON, M. (1991). Images of teaching: Student teachers' early conceptions of classroom practice. *Teaching and Teacher Education*, 7, 1-8.

CANFIELD, J. y WELLS, H.C. (1994). *100 ways to enhance self-concept in the classroom*. Boston: Prentice Hall.

CANO-GARCÍA, F. J., PADILLA-MUÑOZ, E. M. y CARRASCO-ORTIZ, M. A. (2005). Personality and contextual variables in teacher burnout. *Personality and Individual Differences*, 38, 929-940.

CAPEL, S. A. (1997). Changes in students' anxieties and concerns after their first and second teaching practices. *Educational Research*, 39(2), 211-228.

CARDENAL, V. y FIERRO F. (2001): Sexo y edad en estilos de personalidad, bienestar personal y adaptación social. *Psicothema*, 13(1), 118-126.

CARDOSO PULIDO, M. J. y GUIJARRO OJEDA, J.R. (2017). Percepciones sobre el bienestar docente del profesorado de EFL en formación. *Porta Linguarum, Monográfico II*, 157-172.

CARDOSO PULIDO, M. J. (2018). *Estudio del bienestar docente del profesorado de lenguas en formación*. Tesis Doctoral (Dir. Juan Ramón Guijarro Ojeda). Universidad de Granada (España).

CARDOSO PULIDO, M., y GUIJARRO OJEDA, J. R. (2020). Estudio comparativo-causal sobre el éxito en la vida escolar en profesorado de lengua

extranjera en formación. *Onomázein, Número especial 20*, 230–253.

CARDOSO PULIDO, M.; GUIJARRO OJEDA, J.R.; PÉREZ VALVERDE, C. (2021). A correlational-predictive study of teacher well-being and professional success in foreign language student teachers. *Mathematics, 10*(10), 1720.

CARRERAS, Ll., EIJO, P., ESTENY, A., GÓMEZ, M.ª T., GUICH, R., MIR, V., OJEDA, F., PLAZAS, T. y SERRATS, M.ª G. (1986). *Cómo educar en valores*. Madrid: Narcea.

CARRIER, J.D., GALLAGHER, F., VANASSE, A. y ROBERGE, P. (2022). Strategies to improve access to cognitive behavioural therapies for anxiety disorders: A scoping review. *PLoS ONE, 17*(3), e0264368.

CASARES GARCÍA, P. M. (2008). Valores, afectividad y desarrollo de la persona: Aspectos convergentes e implicaciones educativas, en *Educación en valores, educación intercultural y formación para la convivencia pacífica*. La Coruña: Netbiblo, S. L.

CHAN, D. W. (2006). Emotional intelligence and components of burnout among Chinese secondary school teachers in Hong Kong. *Teaching and Teacher Education*, 22, 1042–1054.

CHAN, D. W. y HUI, E. K. P. (1995). Burnout and coping among Chinese secondary school teachers in Hong Kong. *British Journal of Educational Psychology*, 65: 15-25.

CHAN, L. (2014). Effects of an imagery training strategy on Chinese university students' possible second language selves and learning experiences, en K. Csizér y M. Magid (Eds.). *The impact of self-concept on language learning* (pp.: 357-376). Bristol: Multilingual Matters.

CHAN, T.W. y KOO, A. (2008). *Parenting style and youth outcome in the UK*. Oxford: University: Oxford University Press.

CHIPPING, D., y MORSE, R. (2006). *Using a Supportive Mentoring Relationship to Aid Independent Action Research*. London: DfES and the National Teacher Research Panel.

CHO, M. (2015). The effects of working possible selves on second language performance. *Read Write*, 28: 1099-1118.

CLOTFELTER, C. T., LADD, H. F., y VIGDOR, J. L. (2007). Teacher credentials and student achievement: Longitudinal analysis with student fixed effects. *Economics of Education Review, 26*(6), 673-682.

COLL, C., MARTÍN, E., MAURI, T., MIRAS, M., ONRUBIA, J., SOLÉ, I. y ZABALA, A. (1993). *El constructivismo en el aula*. Barcelona: Editorial Graó.

COMISIÓN EUROPEA (2004). *Competencias clave para un aprendizaje a lo largo de la vida. Un marco de referencia* Europeo. Disponible en http://www.mecd.gob.es/dctm/ministerio/educacion/mecu/movilidad-europa/competenciasclave.pdf?documentId=0901e72b80685fb1

COOPERSMITH, S. (1967). *The antecedents of self-esteem*. Consulting Psychologists Press.

CORBETT, D., y WILSON, B. (2002). What urban students say about good teaching. *Educational Leadership*, 60, 18-22.

COSTA, P. T. y MCCRAE, R. R. (1992). *The NEO PI-R professional manual*. Odessa, FL: Psychological Assessment Resources.

CRITCHLEY, M., ILLINGWORTH, J., y WRIGHT, V. (2021). *Survey of Language Provision in UK Universities in 2021*. Report no. 3, July. UCML y AULC, United Kingdom.

CRUICKSHANK, K., y WESTBROOK, R. (2013). Local and global – conflicting perspectives? The place of overseas practicum in preservice teacher education. *Asia-Pacific Journal of Teacher Education, 41*(1), 55-68.

CUMMINS, R.A. (1996). The Domains of Life Satisfaction: An Attempt to Order Chaos. *Social Indicators Research*, 38, 303-328.

DANG, T. K. A. (2013). Identity in activity: Examining teacher professional identity formation in the paired-placement of student teachers. *Teaching and Teacher Education*, 30, 47-59.

DAY, C. (1993). Reflection: a necessary but not sufficient condition for professional development. *British Educational Research Journal, 19*(1), 83-93.

DAY, C. y KINGTON A. (2008). Identity, well-being and effectiveness: the emotional contexts of teaching. *Pedagogy, Culture & Society, 16*(1), 7-23.

DAY, C., y GU, Q. (2014). *Resilient teachers, resilient schools*. Nueva York, NY: Routledge.

DE RIVERA, J. (1997). *A structural theory if the emotions*. Nueva York: International Universities Press.

DECI, E., y RYAN, R. (2008). Facilitating optimal motivation and psychological well - being across life's domains. *Canadian Psychology/Psychologie Canadienne*, 49, 14-23.

DELORS, J. (1996). *Learning: The treasure within*. Paris: International Commission on Education for the Twenty First Century, UNESCO.

DEPARTMENT FOR EDUCATION AND SKILLS (DfES) (2004). *Every child matters: changes for children*. Londres: DfES.

— (2005a). *Social and emotional aspects of learning*. London: DfES.

— (2005b). *The Steer Report. Learning behaviour: The report of the practitioners' group on school behaviour and discipline*. London: DfES.

— (2005c). Developing emotional health and well-being - a whole school approach to improving behaviour and attendance. London: DfES.

DICK, R. V. y WAGNER, U. (2001). Stress and strain in teaching: A structural equation approach. *British Journal of Educational Psychology*, 71, 243-259.

DICK, M.B.; KING, D.B.; MITCHELL, G.K.; KELLY, G.D.; BUCKLEY, J.F. y GARSIDE, S.J. (2007). Vertical integration in teaching and learning (VITAL): An approach to medical education in general practice. *MJA*, 187, 133-135.

DIENER, E. (1984). Subjective Well-Being. *Psychological Bulletin, 95*(3), 542-575.

DIENER, E., y SUH, E.M. (1998). Subjective well-being and age: An international analysis, en K. Schaie, K. Warner y L.M. Powell (Eds.), Annual review of gerontology and geriatrics: Focus on emotion and adult development. *Annual review of gerontology and geriatrics*, 17: 304-324. Nueva York: Springer Publishing.

DIENER, E., SUH, E.M., LUCAS, R.E. y SMITH, H.L. (1999). Subjective well-being: Three decades of progress. *Psychological Bulletin, 125*(2), 276-302.

DIENER, E., WIRTZ, D., TOV, W., KIM-PRIETO, C., CHOI, D., OISHI, S., y BISWAS-DIENER, R. (2010). New well-being measures: Short scales to assess flourishing and positive and negative feelings. *Social Indicators Research*, 97, 143-156.

DÖRNYEI, Z. (1994). Motivation and Motivating in the Foreign Language Classroom. *The Modern language Journal, 78*(83), 273-84.

DÖRNYEI, Z., y CHAN, L. (2013). Motivation and vision: An analysis of future L2 self-images, sensory styles, and imagery capacity across two target languages. *Language Learning, 63*(3), 437–462.

DUNHAM, J. (1992). *Stress in teaching*. London: Routledge.

EASTERLIN, R.A. (1974). Does economic growth improve the human lot? Some empirical evidence, en P.A. David y M.W. Reder (Eds.), *Nations and households in economic growth* (pp.: 89-125). Nueva York: Academic Press.

EHRMAN, M. (2000). Los límites del ego y la tolerancia de la ambigüedad en el aprendizaje de segundas lenguas, en J. Arnold (Ed.), *La dimensión afectiva en el aprendizaje de idiomas*. Madrid: Cambridge University Press.

EHRMAN, M., LEAVER, B. y OXFORD, R. (2003). A brief overview of individual differences in second language learning, *System, 31*(3), 313-330.

EMBSE, N. V., BARTERIAN, J., y SEGOOL, N. (2012). Test Anxiety Interventions for Children and Adolescents: A Systematic Review of Treatment Studies from 2000-2010. *Psychology in the Schools, 50*(1), 57-71.

EMMONS, Robert (2000a). Is Spirituality an Intelligence? Motivation, Cognition, and the Psychology of Ultimate Concern. *International Journal for Psychology or Religion, 10*(1), 3-26.

— (2000b). Spirituality and Intelligence: Problems and Prospects. *International Journal for the Psychology of Religion, 10*(1), 57-67.

ELSTER, J. (1985). Sadder but wiser? Rationality and the emotions. *Social Science Information*, 24, 375-406.

ESTEVE, J.M. (2003). *La tercera revolución educativa. La educación en la sociedad del conocimiento*. Barcelona: Paidós.

— (2009). La profesión docente ante los desafíos de la sociedad del conocimiento, en C. de Medrano y D. Vaillant (Eds.), *Aprendizaje y desarrollo profesional docente*. Madrid: OEI Fundación Santillana.

EXTREMERA, N. y FERNÁNDEZ-BERROCAL, P. (2005). Perceived emotional intelligence and life satisfaction: Predictive and incremental validity using the Trait Meta-Mood Scale. *Personality and Individual Differences*, 39, 937-948.

FIORE, T. (2016). *Meditational practices in elementary education mindfulness and the effects on student focus and achievement: A quasi-experimental study*. Tesis de Máster. California State University Dominguez Hill.

FLETCHER, S. (2002). *Mentoring: A Handbook of Good Practice*. London: Routledge.

— (2007). Mentoring Adult Learners: Realizing Possible Selves. *New Directions for Adult and Continuing Education*, 114, 75-86.

FOLKMAN, S. y LAZARUS, R. S. (1988). *Ways of Coping Questionnaire Task Booklet*. California: Psychology Press.

FRANCIA, A. y FERNÁNDEZ, J. D. (1996). *Animar con Humor*. Madrid: CCS.

FREDRICKSON, B. L. (1998). What good are positive emotions? *Review of General Psychology*, 2, 300-319.

FRIEDMAN, I. A. y KASS, E. (2002). Teacher self-efficacy: a classroom-organization conceptualization. *Teaching and Teacher Education*, 18, 675-686.

FRONDIZI, R. (1977). *Introducción a los problemas fundamentales del hombre*. México: FCE.

FULLER, F. y BOWN, O. (1975). Becoming a teacher, en K. Ryan (ed.), *Teacher Education: 25-52*. Chicago: University of Chicago Press.

GALLARDO, I. S. (1999). *Lingüística aplicada a la enseñanza-aprendizaje del español como lengua extranjera*. Madrid: Arcolibros.

GANSCHOW, L., SPARKS, R., ANDERSON, R., JAVORSHY, J., SKINNER, S. y PATTON, J. (1994). Differences in language performance among high-, average-, and low-anxious college foreign language learners. *The Modern Language Journal, 78*(1), 41-55.

GARDNER, H. (1983). *Frames of Mind: the theory of multiple intelligences*. Basic Books: Nueva York.

GARDNER, H. (1995). *Inteligências Múltiplas: A teoria na Prática*. Porto Alegre: Artes Médicas.

— (1999). *Intelligence Reframed. Multiple intelligences for the 21st. century*. New York: Basic Books.

GARDNER, L. (2005). *Emotional Intelligence and Occupational Stress*. Melbourne, Australia: Swinburne University Press.

GARDNER, R. C. (2007). Motivation and Second Language Acquisition. *Porta Linguarum*, 8, 9-20.

GARDNER, R. C., y DESROCHERS, A. (1981). Second-language acquisition and bilingualism: Research in Canada (1970–1980). *Canadian Psychology / Psychologie canadienne*, 22(2), 146–162.

GARDNER, R. C. y LAMBERT, W. (1985). *Attitudes and Motivation in Second Language Learning*. London: Newburry Honse.

GARDNER, R. y MACINTYRE, P. (1993). On the measurement of affective variables in second language learning. *Language Learning*, 43(2), 157-194.

GARCÍA MARTÍN, M.A. (2002). El Bienestar Subjetivo. *Escritos de Psicología*, 6, 18-39.

GERVILLA CASTILLO, E. (1988). *Axiología Educativa*. Granada: Ediciones Tat.

— (2000). Valores en la educación integral. *Bordón*, 52(4), 523-535.

GIGNAC, G.E. (2006). Self-reported emotional intelligence and life satisfaction: Testing incremental predictive validity hypothesis via structural equation modelling (SEM) in a small sample. *Personality and Individual Differences*, 40, 1569-1577.

GIOVANNINI, A., MARTÍN PERIS, E., RODRÍGUEZ, M. y SIMON, T. (2000). *Profesor en acción, 1 – El proceso de Aprendizaje*. Madrid: Edelsa.

GKONOU, C., DEWAELE, J.M., y KING, J. (Eds.) (2020). *The emotional rollercoaster of language teaching*. Bristol: Multilingual Matters.

GOLEMAN, D. (1997). *Inteligencia Emocional*. Barcelona: Kairós.

— (1995). *Emotional Intelligence*. New York: Bantam.

— (1999). *La práctica de la Inteligencia Emocional*. Kairos: Barcelona.

GONZÁLEZ, A., MONTOYA, C. y SIERRA, N. (2002). What do EFL Teachrs Seek in Professional Development Programs? Voices from Teachers. *Íkala, revista de lenguaje y cultura*, 7(13), 29-50.

GOOD, I. (2008). *Investigating the teacher's life and work*. Leiden: Brill.

GREENBERG, M., WEISSBER, R., O'BRIEN, M., ZINS, J., FREDERICKS, L., RESNIK, H. y ELIAS, M. (2003). Enhancing school-based prevention and youth development through co-ordinated social, emotional and academic learning. *American Psychologist*, 58, 466-74.

GREGERSEN, T., MERCER, S., MACINTYRE, P., TALBOT, K., y BANGA, C.A. (2020). Understanding language teacher wellbeing: An ESM study of daily stressors and uplifts. *Language Teaching Research*, 1-22.

GREGOR, A. (2005). Examination anxiety: Live with it, control it or make it work for you? *School Psychology International*, 26(5), 617-635.

GRUBER, M.T., LÄMMERER, A., HOFSTADLER, N., y MERCER, S. (2020). Flourishing or floundering? Factors contributing to CLIL primary teachers' wellbeing in Austria. *CLIL Journal of Innovation and Research in Plurilingual and Pluricultural Education*, 3(1), 19-34.

GUDYKUNST, W. B. y TING-TOOMEY, S. (1988). *Culture and Interpersonal Communication*. Londres: Sage Publications.

GUIJARRO OJEDA, J. R. (2005). Conceptualización e implicaciones didácticas de la otredad para el área de inglés como lengua extranjera (EFL). *Miscelánea: A Journal of English and American Studies*, 31, 65-88.

— (2006a). La transversalidad como paradigma estructurante de la acción didáctica en la enseñanza de lenguas extranjeras. *Didáctica (Lengua y Literatura)*, 18, 163-183.

— (2006b). The role of axiological competence in EFL teacher training: Opening doors to otherness-friendly pedagogies. *International Journal of Learning*, 12(3), 1-9.

GUIJARRO OJEDA, J.R. y MARINS DE ANDRADE, P.R. (2016). Competencias existencial, emocional y espiritual: claves para el profesorado de lenguas, en Pérez Valverde, C. (Ed.), *La formación de docentes de lenguas extranjeras: hacia un desarrollo profesional profundo basado en la narratividad* (pp.: 54-76). Madrid: Visor Libros.

GUIJARRO-OJEDA, J. R., RUIZ-CECILIA, R., CARDOSO-PULIDO, M. J., y MEDINA-SÁNCHEZ, L. (2021). Examining the Interplay between Queerness and Teacher Wellbeing: A Qualitative Study Based on Foreign Language Teacher Trainers. *International Journal of Environmental Research and Public Health*, 18(22), 1-28.

GUPTA, R. y SARAVANAN, V. (1995). Old beliefs impede student teacher learning of reading instruction. *Journal of Education for Teaching*, 21, 347-360.

HALLINGER, P. (2003). Leading educational change: reflections on the practice of instructional and transformational leadership. *Cambridge Journal of Education*, 33, 329-351.

HAMMADOU, J. y BERNHARDT, E. (1987). On being and becoming a foreign language teacher. *Theory into Practice*, 26, 301-306.

HARGREAVES, A. (1994). Restructuring restructuring: Postmodernity and the prospects for individual change. *Journal of Education Policy*, 9(1), 47-65.

— (1997). *Rethinking educational change with heart and mind*. Alejandria: The Association for Supervision and Curriculum Development Yearbook.

HARPIN, S. B., ROSSI, A., KIM, A. K., y SWANSON, L. M. (2016). Behavioral impacts of a mindfulness pilot intervention for elementary school students. *Education*, 137(2), 149-156.

HARRIS, D. N., y SASS, T. R. (2011). Teacher training, teacher quality and student achievement. *Journal of Public Economics*, 95(7), 798-812.

HATTIE, J. (2009). *Visible learning: A synthesis of over 800 meta-analyses relating to achievement*. London and New York: Routledge.

HEADY, B., HOLMSTROM, E. y WEARING, A. (1985). Models of Well-Being and Ill-Being. *Social Indicators Research*, 17, 211-234.

HERNANDO CALVO, A. (2009). Aprender a vivir en español. La Competencia Existencial en el desarrollo del alumno como hablante intercultural. *Boletín de la Asociación para la Enseñanza del Español como Lengua Extranjera*, 41, 17-25.

HERZOG, A.R. y RODGERS, W.L. (1981). Age and satisfaction: Data from several large surveys. *Research on Aging*, 3, 63-82.

HESSEL, G.; TALBOT, K.R.; GRUBER, M. y MERCER, S. (2020). The well-being and job satisfaction of secondary CLIL and Tertiary EMI teachers in Austria. *Journal for the Psychology of Language Learning*, 2(2), 73-91.

HORN, J. E., TARIS, T. W., SCHAUFELI, W. B. y SHREURS, P. J. C. (2004). A multi-dimensional approach to measuring teacher well-being. *Journal of Occupational and Organisational Psychology*, 77, 365-375.

HORWITZ, E. K. (1986). Preliminary evidence for the reliability and validity of a foreign language Anxiety Scale. *TESOL Quarterly*, 20, 559-562.

— (1987). Surveying students' beliefs about language learning, en A. Wenden (Ed.), *Language strategies in language learning*. NY: Prentice May.

— (2010). Foreign and second language anxiety. *Language Teaching*, 43, 154-167.

HORWITZ, E. K., HORWITZ, M. B., y COPE, J. (1986). Foreign Language Classroom Anxiety. *The Modern Language Journal*, 70(2), 125-132.

HOY, W.K. y MISKEL, C.G. (1996). *Educational administration: Theory, research and practice*. Nueva York: McGraw-Hill.

HROMEK, R. (2004). *Planting the peace virus: Early intervention to prevent violence in schools*. Bristol: Lucky Duck Publishing.

HUANG, S.L. y WAXMAN, H.C. (2009). The association of school environment to student teachers' satisfaction and teaching commitment. *Teaching and Teacher Education*, 25, 235-243.

HUPPERT, F. A., y SO, T. T. (2013). Flourishing across Europe: Application of a new conceptual framework for defining well-being. *Social Indices Research*, 110, 837-861.

IVERSON, R. D., OLEKALNS, M. y ERWIN, P. J. (1998). Affectivity, organizational stressors, and absenteeism: A casual model of burnout and its consequences. *Journal of Vocational Behaviour*, 52, 1-23.

JENNINGS, P.A. y GREENBERG, M.T. (2009). The pro-social classroom: Teacher social and emotional competence in relation to student and classroom outcomes. *Review of Educational Research*, 79(1), 491-525.

JIN, J., MERCER, S., BABIC, S., y MAIRITSCH, A. (2021). Understanding the ecology of foreign language teacher wellbeing. In *Positive Psychology in Second and Foreign Language Education* (pp. 19-38). Springer, Cham.

JOHNSON, E. (2008). Ecological Systems and Complexity Theory: Toward an Alternative Model of Accountability in Education. *International Journal of Complexity and Education*, 5(1), 1-10.

JOHNSON, S. M., y BIRKELAND, S. E. (2003). Pursuing a 'sense of success': New teachers explain their career decisions. *American Educational Research Journal, 40*(3), 581-617.

JOHNSON, B., DOWN, B., LE CORNU, R., PETERS, J., SULLIVAN, A., PEARCE, J., y HUNTER, J. (2014). Promoting early career teacher resilience: A framework for understanding and acting. *Teachers and Teaching, 20*(5), 530-546.

KABAT-ZINN, J. (1994). *Wherever you go, there you are: Mindfulness meditation in everyday life.* Nueva York: Hyperion.

KAPLAN, H. B. (1996). Psychosocial stress from the perspective of self-theory, en H. B. Kaplan (Ed.), *Psychosocial stress: Perspective on structure, theory, life-course, and methods* (pp.: 175-244). San Diego, CA: Academic Press.

KYRIACOU, C. (2001). Teacher stress: Directions for future research. *Educational Review, 53*(1), 27-35.

KYRIACOU, C. y SUTCLIFFE, J. (1979). A note on teacher stress and locus of control. *Journal of occupational Psychology*, 52, 227-228.

LAWTON, M.P. (1983). The varieties of well-being. *Experimental Aging Research*, 9, 65-72.

LAZARUS, R. S. (1991). *Emotion and adaptation.* Nueva York: Oxford University Press.

LITTLE, V., FENGLER, A. y DANIGELIS, N. (1983). Correlates of Dimensions of Happiness in Urban and Nonurban Settings. *The International Journal of Aging and Human Development, 16*(1), 53-65.

LOMCE (2020) - *Ley Orgánica de Modificación de la Ley Orgánica de Educación.* Modificación de la Ley Orgánica de Educación. Boletín Oficial del Estado, 12345/2020.

LÓPEZ PÉREZ, C. y VALLS BALLESTEROS, C. (2013). *Coaching educativo. Las emociones, al servicio del aprendizaje.* Madrid: SM.

LORTIE, D. (1975). *Schoolteachers: A sociological study.* Nueva York: Brunner/Mazel.

MACARO, E., CURLE, S., PUN, J., AN, J., Y DEARDEN, J. (2018). A systematic review of English medium instruction in higher education. *Language Teaching, 51*(1), 36–76.

MACINTYRE, P. D. y GARDNER, R. C. (1989). *Anxiety and second language learning: toward a theoretical clarification. Language Learning, 41*(1), 283-305.

MADRID, D. (1999). *La investigación de los factores motivacionales en el aula de idiomas.* Granada: Grupo Editorial Universitario.

MAGID, M. (2014). A motivational programme for learners of English: An application of the L2 motivational self-system, en K. Csizér y M. Magid (Eds.), *The impact of self-concept on language learning* (pp.: 333-356). Bristol, UK: Multilingual Matters.

MANTHEI, R., GILMORE, A., TUCK, B., y ADAIR, V. (1996). Teacher stress in intermediate schools. *Educational Research*, 38, 3-19.

MARCHESI ULLASTRES, A. (2012). La Autoestima del Profesorado. *Revista Fuentes*, 12, 9-12.

MARINS DE ANDRADE, P.R. (2011). *Afectividad y competencia existencial en Español como Lengua Extranjera (ELE): Aplicaciones didácticas para estudiantes brasileños.* Tesis Doctoral (Dirs. Cristina Pérez Valverde y Juan Ramón Guijarro Ojeda). Universidad de Granada.

MARINS DE ANDRADE, P. R. y GUIJARRO OJEDA, J. R. (2010). Afectividad y competencia existencial en estudiantes de Español como Lengua Extranjera en Brasil. *RLA. Revista de Lingüística Teórica y Aplicada, 48*(1), 51-74.

MARKUS, H., y NURIUS, P. (1986). Possible Selves. *American Psychologist*, 41, 954-969.

MARKUS, H., y RUVOLO, A. (1989). Possible Selves: Personalized Representations of Goals, en L. Pervin (ed.), *Goal Concepts in Personality and Social Psychology.* Mahwah, N.J.: Erlbaum-Falmer.

MARSO, R. y PIGGE, F. (1989). The influence of preservice training and teaching experience upon attitude and concerns about teaching. *Teaching and Teacher Education*, 5, 33-41.

MARTIN, A.J. y DOWSON, M. (2009). Interpersonal relationships, motivation, engagement, and achievement: Yields for theory, current issues, and educational practice. *Review of Educational Research, 79*(1), 327-65.

MASLACH (1993). BURNOUT: 'A multidimensional perspective'», en Schaufeli, W. B., Maslach, C. y Marek, T. (eds), *Professional burnout: Recent Developments in Theory and Research* (pp.: 19-32). Philadelphia: Taylor & Francis.

MASLACH, C., JACKSON, S.E., y LEITER, M.P. (1996). *Maslach Burnout Inventory Manual.* Palo Alto, CA: Consulting Psychologists Press.

MASLACH (1999). Progress in Understanding Teacher Burnout, en Vandenberghe, R. Y Huberman, A. M. (Eds.), *Understanding and Preventing Teacher Burnout: A Sourcebook of International Research and Practice* (pp.: 211-222). Cambridge: Cambridge University Press.

MASLOW, A. (1943). A Theory of Human Motivation. *Psychological Review*, 50, 370-396.

MAYNARD, B. R., SOLIS, M. R., MILLER, V. L., y Brendel, K. E. (2017). *Mindfulness-based interventions for improving cognition, academic achievement, behavior, and socio-emotional functioning of primary and secondary school students*. Oslo, Norway: The Campbell Systematic Reviews.

McCALLUM, F., y PRICE, D. (2010). Well teachers, well students. *The Journal of Student Wellbeing*, 4(1), 19-34.

McCALLUM, F., PRICE, D., GRAHAM, A., y Morrison, A. (2017). *Teacher wellbeing: A review of the literature*. AIS: NSW, The University of Adelaide.

McDOUGALL, W. (2001). *An introduction to social psychology*. Kitchener, Canadá: Batoche Books.

McGRATH, H. (2006). What research tells us about whole-school programs for preventing bullying, en H. McGrath y T. Noble (Eds), *Bullying Solutions*. Melbourne: Pearson Education.

McINERNEY, D., KORPERSHOEK, H., WANG, H. y MORIN, A. (2018). Teachers' occupational attributes and their psychological wellbeing, job satisfaction, occupational self-concept and quitting intentions. *Teaching and Teacher Education*, 71, 145-158.

MEDINA-SÁNCHEZ, L.; GUIJARRO-OJEDA, J.R. y CARDOSO-PULIDO, M.J. (2019). Factores que influyen en la percepción del bienestar y flourishing de los docentes de lenguas en formación. *European Journal of Child Development, Education, and Psychopathology*, 7(1), 37-45.

MERCER, S. (2018). Psychology for language learning: Spare a thought for the teacher. *Language Teaching*, 51(4), 504-525.

— (2020). The wellbeing of language teachers in the private sector: An ecological perspective. *Language Teaching Research*, 1-24.

MERCER, S., y GREGERSEN, T. (2020). *Teacher wellbeing*. Oxford University Press.

MEZIROW, J. (1991). *Transformative Dimensions of Adult Learning*. San Francisco: Jossey-Bass.

MIKOLAJCZAK, M., MENIL, C., y LUMINET, O. (2007). Explaining the protective effect of emotional trait intelligence regarding occupational stress: Exploration of emotional labour processes. *Journal of Research in Personality*, 41(5), 1107-1117.

MILLER, A. (1994). Mainstream teachers talking about successful behaviour support, en P. Gray, A. Miller y J. Noakes (Eds.), *Challenging Behaviour in Schools*. Londres: Routledge.

— (1996). *Pupil behaviour and teacher culture*. Londres: Cassell.

MILLS, L. B. y HUEBNER, E. S. (1998). A prospective study of personality characteristics, occupational stressors, and burnout among school psychology practitioners. *Journal of School Psychology*, 36, 103-120.

MOATE, J. (2011). Reconceptualising the role of talk in CLIL. *Apples, Journal of Applied Language Studies*, 5(2), 17-35.

MOODY, R. (1979). *El Poder curativo de la risa*. Madrid: Edaf.

MOONEY, M., BARKER, K., DOBIA, B., POWER, A., WATSON, K. y YEUNG, A. (2008). *Positive behaviour for learning: Investigating the transfer of a United States system into the NSW Department of Education Western Sydney Region schools: Report*. Sydney: University of Western Sydney.

MORIANA, J. A., y HERRUZO, J. (2004). Estrés y burnout en profesores. *International Journal of Clinical and Health Psychology*, 4(3), 597-621.

MOSKOWITZ, G. (2000). La mejora del desarrollo personal trabajando con actividades humanísticas, en J. Arnold (Ed.), *La dimensión afectiva en el aprendizaje de idiomas*. Madrid: Cambridge University Press.

MOUNTFORD, T. (2006). *Restorative practices K-10. Developing an inclusive and sustainable approach*. Tesis de Máster. University of Newcastle, New South Wales.

MURPHY, P. K., DELLI, L. A. M. y EDWARDS, M. N. (2004). The Good Teacher and Good Teaching: Comparing Beliefs of Second-Grade Students, Preservice Teachers, and Inservice Teachers. *The Journal of Experimental Education*, 72(2), 69-92.

MYERS, D.G. y DIENER, E. (1995). Who is happy? *Psychological Science*, 6, 10-19.

MYERS, J. E., y SWEENEY, T. J. (2008). Wellness counseling: The evidence base for practice. *Journal of Counseling & Development*, 86, 482–493.

NACIONES UNIDAS (1948). *Declaración Universal de Derechos Humanos*. Resolución 217 A (III) de la Organización de las Naciones Unidas. París (Francia), 10 de diciembre.

NAISBITT, J. (1991). *Megatrends 2000*. New York: Avon.

NATIONAL COUNCIL FOR THE ACCREDITATION OF TEACHER EDUCATION (2006). *Professional standards for the accreditation of schools, colleges, and departments of education*. Disponible en: https://eric.ed.gov/?id=ED550513

NELSON, B. (2003). *Our universities: Backing Australia's Future*. Camberra: Commonwealth of Australia.

NEUMANN, R. (2001). Disciplinary differences and university teaching. *Studies in Higher Education*, 26, 135-146.

NGUYEN, H. T. (2013). Peer Mentoring: A Way Forward for Supporting Preservice EFL Teachers Psychosocially During the Practicum. *Australian Journal of Teacher Education*, 38(7), 31-44.

NGUYEN, H. T. M., y HUDSON, P. (2012). Preservice EFL teachers' reflections on mentoring during their practicum, en C. Gitsaki y B. B. J. Richard (Eds.), *Future directions in applied linguistics: Local and global perspective* (pp.: 158-178). Newcastle: Cambridge Scholar Publishing.

NOBLE, K. (2000). Spiritual intelligence: A new frame of mind. *Advanced Development*, 9, 1-29.

NUNAN, D. (2001). *Designing Tasks for the Communicative Classroom*. Cambridge: Cambridge University Press.

NSW COMMISSION FOR CHILDREN AND YOUNG PEOPLE (2004). *Ask the children: Children and young people speak about the issues important to them*. Disponible en www.kids.nsw.gov.au/kids/resources/publications/askchildren.

OATLEY, K. y JENKINS, J. M. (1996). *Understanding emotions*. Cambridge, MA: Blackwell.

OGINSKA-BULIK, N. (2005). Emotional intelligence in the workplace: exploring its effects on occupational stress and health outcomes in human service workers. *International Journal of Occupational Medicine and Environmental Health*, 18(2), 16-175.

ORTONY, A., CLORE, G. y COLLINS, A. (1998). *The cognitive structure of emotions*. Nueva York: Cambridge University Press.

OXFORD, R. (1990). *Language Learning Strategies. What every teacher should Know*. Heinle & Heinle Publishers: Boston.

— (2000). La ansiedad y el alumno de idiomas: nuevas ideas, en J. Arnold (Ed.), *La dimensión afectiva en el aprendizaje de idiomas*. Madrid: Cambridge University Press.

PAJARES, F. (1992). Teachers' beliefs and educational research: Cleaning up a messy construct. *Review of Educational Research*, 62, 307-332.

PALOMERA, R., FERNÁNDEZ-BERROCAL, P. y BRACKETT, M. (2008). La inteligencia emocional como una competencia básica en la formación inicial de los docentes: algunas evidencias. *Electronic Journal of Research in Educational Psychology, 15*, 6/2, 437-454.

PAPPA, S., MOATE, J., RUOHOTIE-LYHTY, M., & ETELÄPELTO, A. (2017). Teachers' pedagogical and relational identity negotiation in the Finnish CLIL context. *Teaching and Teacher Education*, 65, 61–70.

PÉREZ VALVERDE, C. y RUIZ-CECILIA, R. (2014). The development of FL teachers' professional identity through the production of narratives. *Porta Linguarum*, 22, 61-72.

PETERS, Tom. (1998). *Pense em automotivação. En O círculo da inovação*. São Paulo: Harbra.

PIANTA, R.C. y WALSH, D.J. (1996). *High-risk children in schools: Constructing sustaining relationships*. London and New York: Routledge.

PIECHURSKA-KUCIEL, E. (2011). Foreign Language Teacher Burnout: A Research Proposal, en M. Pawlak (Ed.), *Extending the boundaries of research on second language learning and teaching* (pp.: 211-223). Berlín: Springer Heidelberg.

PILLAY, H., GODDARD, R. y WILSS, L. (2005). Well-Being, Burnout and Competence: Implications for Teachers. *Australian Journal of Teacher Education*, 30(2), 22-33.

PINE, G.J. y BOY, A.V. (1997). Learner centered teaching: A humanistic view, en Li Wangyue

(Ed.), *An Investigation into Affective Factors in English Learning*. Dalian, China: Liaoning Normal University.

PLUTCHIK, R. (1980). *Emotion: A psychoevolutionary synthesis*. Nueva York: Harper y Row.

PULLINGER, N. (2008). *Evaluation of the Sheffield SEAL program*. Sheffield: Sheffield Education Services.

RAMOS GARCÍA, A. M. (2013). Higher Education Bilingual Programmes in Spain. *Porta Linguarum*, 19, 101-111.

— (2014). Catálogo de titulaciones bilingües en España, en P. Núñez Delgado y J. Rienda Polo (Eds.), *Aproximación didáctica a la lengua y la literatura* (pp.: 165-180), Madrid: Síntesis.

RAMOS GARCÍA, A. M. y PAVÓN VÁZQUEZ, V. (2018). The Linguistic Internationalisation of Higher Education: A Study on the Presence of Language Policies and Bilingual Studies in Spanish Universities. *Porta Linguarum*, Monográfico III, 31-46.

RANDI, J. y CORNO, L. (2005). Teaching and Learner Variation, Pedagogy. Learning from Teaching. *British Journal of Educational Psychology*, Monograph Series II, 3, 47-69.

RATTNER, J., y DANZER, G. (2006). *Self-actualization: Psychic hygiene and the search for meaning in being*. Würzburg, Germany: Königshausen y Neumann.

REASONER, R. (1992). *Building Self-Esteem in Elementary Schools and Building Self-Esteem in Secondary Schools*. Palo Alto, CA: Consulting Psychologists Press.

RICHARDSON, V. (1996). The role of attitudes and beliefs in learning to teach, en J. Siluka (Ed.), *Handbook of research on teacher education*, (pp.: 102-119). Nueva York: Macmillan.

ROBINSON, V. (1991). *Humor and the health professions: the therapeutic use of humor in health care*. Thorofare, N.J.: Slack Inc.

ROESER, R. W., SKINNER, E., BEERS, J. y JENNINGS, P. A. (2012). Mindfulness Training and Teachers' Professional Development: An Emerging Area of Research and Practice. *Child Development Perspectives*, 6(2), 167-173.

ROESER, R. W., SCHONERT-REICHL, K., JHA, A., Cullen, M., WALLACE, L., WILENSKY, R., y HARRISON, J. (2013). Mindfulness training

and reductions in teacher stress and burnout: Results from two randomized, waitlist - control field trials. *Journal of Educational Psychology*, 105, 787-804.

ROFFEY, S. (2005). Respect in practice - the challenge of emotional literacy in education. *Australian Association for Research in Education*, 1-13.

— (2007). Transformation and emotional literacy: The role of school leaders in developing a caring community. *Leading & Managing*, 13(1), 16-30.

— (2008). Emotional literacy and the ecology of school wellbeing. *Education and Child Psychology*, 25(2), 29-39.

— (2011). *Changing Behaviour in Schools. Promoting Positive Relationships and Wellbeing*. London: SAGE.

— (2013). Inclusive and exclusive belonging: The impact on individual and community wellbeing. *Emotional & Child Psychology*, 30(1), 28-49.

ROGERS, W. A. (1996). *Managing Teacher Stress*. Londres: Pitman.

— (2006). *I get by with a little help... Colleague support in schools*. Londres: Paul Chapman Publishing.

ROWLING, L. (2005). Health and wellbeing and the whole school community. Presentation at Mind Matters Conference, Sydney.

RUBIO ALCALÁ, F.D. (2004). *La ansiedad en el aprendizaje de idiomas*. Huelva: Servicio de Publicaciones de la Universidad de Huelva.

RYAN, R. M., y DECI, E. L. (2011). A self - determination theory perspective on social, institutional, cultural, and economic supports for autonomy and their importance for well-being» en V. I. Chirkov, R. M. Ryan y K. M. Sheldon (Eds.), *Human autonomy in cross - cultural context* (pp.: 45-64). Países Bajos: Springer.

RYFF, C. D. (1989). Happiness is everything, or is it? explorations on the meaning of psychological well-being. *Journal of Personality and Social Psychology*, 57, 1069-1081.

RYFF, C. y SINGER, B. (1998). The contours of positive health. *Psychological Inquiry*, 9(11), 1-28.

RYFF, C. y SINGER, B. (2002). From social structure to biology, en C. Snyder y A. López (Eds.), *Handbook of positive psychology* (pp.: 63-73). Londres: Oxford University Press.

SAHLBERG, P. (2007). Education policies for raising student learning: the Finnish approach. *Journal of Education Policy, 22*(2), 147-171.

SAKLOFSKE, D. H., AUSTIN, E. J., MASTORAS, S. M., BEATON, L., y OSBORNE, S. E. (2012). Relationships of personality, affect, emotional intelligence and coping with student stress and academic success: Different patterns of association for stress and success. *Learning and Individual Differences, 22*, 251–257.

SCARCELLA, R. C., y OXFORD, R. L. (1992). *The tapestry of language learning: The individual in the communicative classroom.* Boston, MA: Heinle & Heinle.

SCHERER, M. (1997). Perspectives: heart start. *Educational Leadership, 54*, 5.

SCHINDLER, I., ZINK, V., WINDRICH, J. y MENNINGHAUS, W. (2013). Admiration and adoration: their different ways of showing and shaping who we are. *Cognition and Emotion, 27*, 85-118.

SCHURTZ, D. R., BLINCOE, S., SMITH, R. H., POWELL, C. A. J., Combs, D. J. Y. y Kim, S. H. (2012). Exploring the social aspects of goose bumps and their role in awe and envy. *Motivation and Emotion, 36*, 205-217.

SCHUTTE, N.S., MALOUFF, J.M., Thorsteinsson, E.B., Bhullar, N., y Rooke, S.E. (2007). A meta-analytical investigation of the relationship between emotional intelligence and health. *Personality and Individual Differences, 42*, 921-933.

SEIDMAN, S. A. y ZAGER, J. (1991). A study of coping behaviours and teacher burnout. *Work and Stress, 5*, 205-216.

SELIGMAN, M. E. P. (2011). *Flourish: A visionary new understanding of happiness and well-being.* Nueva York, NY: Free Press.

SIMONETTI, E. G. y RAMIRO, D. (2001). O Poder da inteligência. *Veja, 34* (42). São Paulo, ed. 1706, p. 92.

SINGH, K. (2008). The Sikh spiritual model of counseling. *Spirituality and Health International, 9*(1), 32-43.

SISASK, M., VÄRNIK, P., VÄRNIK, A., APTER, A., BALAZS, J., BALINT, M., BOBES, J., BRUNNER, R., CORCORAN, P., COSMAN, D., FELDMAN, D., HARING, C., KAHN, J.-P., POŠTUVAN, V., TUBIANA, A., SARCHIAPONE, M., WASSERMAN, C., CARLI, V., HOVEN, C. W., y WASSERMAN, D. (2014). Teacher satisfaction with school and psychological well-being affects their readiness to help children with mental health problems. *Health Education Journal, 73*(4), 382-393.

SKINNER, N. (2012). Bronfenbrenner's Ecological Systems Theory and Applications for Management. Disponible en: https://www.academia.edu/1779093/Bronfenbrenners_Ecological_Systems_Theory_and_Applications_for_Management

SLEEGERS, P. (1999). Professional identity, school reform, and burnout: Some reflections on teacher burnout, en R. Vandenberghe y A.M. Huberman (Eds.), *Understanding and preventing teacher burnout: A sourcebook of international research and practice* (pp.: 247-255). Cambridge: Cambridge University Press.

SMYLIE, M.A. (1999). Teacher stress in a time of reform, en R. Vandenberghe y A.M. Huberman (Eds.), *Understanding and preventing teacher burnout* (pp.: 59-84), Cambridge: Cambridge University Press.

SOLOMON, R.L. (1980). The opponent process theory of acquired motivation: The costs of pleasure and the benefits of pain. *American Psychologist, 35*, 691-712.

SOUZA, O. (2004). As novas fronteiras da inteligencia. *Veja, 37*, 43.

SUGAI, G. y HORNER, R. (2002). Introduction to the special series on positive behaviour support in schools. *Journal of Emotional and Behavioural Disorders, 10*(3), 130-35.

TBF (2000). *Managing Stress in Schools: teacherline first report.* Londres: TBF, The Teacher Support Network.

TORRALBA, F. (2010). *Inteligencia Espiritual.* Barcelona: Plataforma.

TOSELAND, R. y RASCH, J. (1979-1980). Correlates of life satisfaction: An AID analysis. *International Journal of Aging and Human Development, 10*, 203-211.

TRAVERS, C. J. y COOPER, C. L. (1996). *Teachers under pressure: Stress in the teaching profession.* London: Routledge.

TRUJILLO-SÁEZ, F.; FERNÁNDEZ-NAVAS, M.; MONTES-RODRÍGUEZ, M.; SEGURA-RO-

BLES, A.; ALAMINOS-ROMERO, F.J. y POS-TIGO-FUENTES, A.Y. (2020). *Panorama de la educación en España tras la pandemia de CO-VID-19: la opinión de la comunidad educativa. Resumen Ejecutivo.* Madrid: Fad.

TSCHANNEN-MORAN, M., WOOLFOLK-HOY, A. y HOY, W. K. (2001). Teacher efficacy: Capturing an elusive construct. *Teaching and Teacher Education, 4*(2), 171-187.

TUCKMAN, B. W. (1995). The Interpersonal Teacher Model. *The Educational Forum,* 59, 177-185.

TUNCAY, H. (2002). Emotional intelligence (EQ) in ELT/EFL curriculum. *Arts and Social Sciences Journal of Istanbul Kültur University, 1*(2), 21-34.

VANDENBERGHE, R. y A. M. HUBERMAN, (1999). *Understanding and Preventing Teacher Burnout: A Source of International Research and Practice.* Cambridge: Cambridge University Press.

VAN DE VEN, N., ZEELENBERG, M. y PIETERS, R. (2011). Why envy outperforms admiration? *Personality and Social Psychology Bulletin,* 37, 784-795.

— (2012). Appraisal patterns of envy and related emotions. *Motivation and Emotion,* 36, 195-204.

VAN HOUTTE, M. (2006). Tracking and Teacher Satisfaction: Role of Study Culture and Trust. *The Journal of Educational Research,* 247-254.

VEENHOVEN, R. (1994). El estudio de la satisfacción con la vida. *Intervención Psicosocial, 3*(9), 87-116.

VESELY, A. V., SAKLOFSKE, D. H., y LESCHIED, A. D. W. (2013). Teachers- The vital resource: The contribution of emotional intelligence to teacher efficacy and well-being. *Canadian Journal of School Psychology,* 28, 71-89.

VIBE, M., BJORNDAL, A., TIPTON, E., HAMMERSTROM, K., y KOWALSKI, K. (2012). *Mindfulness Based Stress Reduction (MBSR) for improving health, quality of life, and social functioning in adults.* Oslo, Norway: The Campbell Systematic Reviews.

VINKE, A., SNIPPE, J. y JOCHEMS, W. (1998). English medium content courses in non-English Higher Education: a study of lecturer experiences and teaching behaviours. *Teaching in Higher Education, 3*(3), 383-394.

VIVOLL STRAUME, L. V., y VITTERSØ, J. (2012). Happiness, inspiration and the fully functioning person: Separating hedonic and eudaimonic well-being in the workplace. *The Journal of Positive Psychology,* 7, 387-398.

VØLLESTAD, J., NIELSEN, M. B., y NIELSEN, G. H. (2011). Mindfulness- and acceptance- based interventions for anxiety disorders: A systematic review and meta-analysis. *British Journal of Clinical Psychology, 51*(3), 239-260.

VREEMAN, R. C. y CARROL, A. E. (2007). A systematic review of school-based interventions to prevent bullying. *Archives of Paediatric and Adolescent Medicine,* 161, 78-88.

WALZ, G.R. y BLEUER, J.C. (1992). *Student self-esteem: A vital element of school success. Vol. 1.* Ann Arbor, MI: Counseling and Personnel Services.

WANG, J., y ODELL, S. J. (2002). Mentored learning to teach according to standards-based reform: A critical review. *Review of Educational Research, 72*(3), 481-546.

WARR, P.B. (1990). The Measurement of Well-being and Other Aspects of Mental Health. *Journal of Occupational Psychology,* 63, 193-210.

WEARE, K. (2000). *Promoting mental, emotional and social health: A whole school approach.* London: Routledge.

WEARE, K. y GRAY, G. (2003). *What works in developing children's emotional and social competence and wellbeing?* Department for Education and Skills research report, 456. Londres: DfES.

WEBB, R., VULLIAMY, G., SARJA, A., HÄMÄLÄINEN, S. y POIKONEN, P. L. (2009). Professional learning communities and teacher well-being? A comparative analysis of primary schools in England and Finland. *Oxford Review of Education, 35*(3), 405-422.

WEINSTEIN, C. (1988). Preservice teachers' expectations about the first year of teaching. *Teaching and Teacher Education, 4*(1), 31-40.

— (1989). Teacher education students' perceptions of teaching. *Journal of Teacher Education, 40*(2), 53-60.

WIECZORECK, A. (2016). High Inhibitions and Low Self-esteem as Factors Contributing to Foreign Language Teacher Stress, en D. Gabryś-Barker y D. Gałajda (ed.), *Positive Psychology Perspectives on Foreign Language Learning and Teaching* (pp.: 231-247). Switzerland: Springer.

WILLIAMS, D. (2015). A systematic review of EMI and implications for the South Korean HE context. *ELT World Online*, 1-23.

WILLIAMS, M. y BURDEN, R. L. (1999). *Psicología para profesores de idiomas*. Alejandro Valero [(traducción al español)]. Cambridge: Cambridge University Press.

WILLS, T.A. (1981). Downward comparison principles in social psychology. *Psychological Bulletin, 90*(2), 245-271.

WILSON, W. (1967). Correlates of avowed happiness. *Psychological Bulletin*, 67, 294-306.

WOLF, S., TORRENTE, C., McCOY, M., RASHEED, D. y ABER, L. (2015). Cumulative risk and teacher well-being in the Democratic Republic of the Congo. *Comparative Education Review, 59*(4), 717-742.

YIN, H., HUANG, S. y WANG, W. (2016). Work environment characteristics and teacher well-being: the mediation of emotion regulation strategies. *International Journal of Environmental Research and Public Health*, 13, 907-923.

YOUNG, D.J. (1992). Language anxiety from the foreign language specialist's perspective: Interviews with Krashen, Omaggio Hadley, Terrell, and Rardin. *Foreign Language Annals, 25*(2), 157-172.

ZINS, J. E., WEISSBERG, R. P., WANG, M. C. y WALBERG, H. J. (2004). *Building academic success on social and emotional learning: What does the research say?* Nueva York: Teachers College Press.

ZOHAR, D. y MARSHALL, I. (2001). *Inteligencia espiritual*. Barcelona: Plaza & Janés Editores.